DAS
KÖNIGLICHE KAMMERGERICHT
VOR DEM
JAHRE MCDXCV.

DAS

KÖNIGLICHE KAMMERGERICHT

VOR DEM

JAHRE MCDXCV.

VON

DR. OTTO FRANKLIN.

BERLIN

VERLAG VON J. GUTTENTAG (D. COLLIN).

1871.

Druck von Troitzsch & Ostertag in Berlin.

Einleitung.

In zwei mit einander in Verbindung stehenden Werken — das Reichshofgericht im Mittelalter 1869, Sententiae curiae regiae 1870 — habe ich die Geschichte, die Verfassung und das Verfahren des obersten Gerichts im deutschen Reiche geschildert und die Bedeutung der Rechtsprechung desselben für die Entwickelung des deutschen Rechts im Mittelalter dargestellt. An diese Arbeiten — sie umfassen die Zeit von Heinrich I. bis Friedrich III. — schliesst sich die vorliegende Schrift an: sie handelt von der Handhabung der königlichen Gerichtsbarkeit durch das Kammergericht von 1440 etwa bis 1495.

Vom Jahre 1442 an erscheint zuerst neben dem königlichen Hofgericht, später an Stelle desselben das königliche Kammergericht als das oberste Gericht im Reiche. Die Competenz desselben erstreckt sich über das gesammte Reichsgebiet, — es übt die Gerichtsbarkeit des Königs in demselben Umfange, wie es bisher Seitens des Reichshofgerichts geschehen war, — es hat gleich diesem keinen dauernden Sitz im Reiche, sondern folgt dem Hofe des Königs von Ort zu Ort. Im Jahre 1471, zur Zeit als Erzbischof Adolf von Mainz Kammerrichter war, ist für das Gericht eine kurze Gerichtsordnung erlassen worden, sonst erhalten wir nur aus zahlreichen, aller Orten zerstreuten Urkunden der verschiedensten Art Kunde von dem Bestehen und Walten desselben.

Was über den Ursprung und die Geschichte dieses königlichen Kammergerichts bis zur Errichtung des kaiserlichen und Reichskammergerichts im Jahre 1495 zu ermitteln war, habe ich bereits an einem andern Orte — Reichshofgericht I. 329 ff. — dargestellt und dabei zugleich von der Verfassung, der mangelhaften Organisation und den Versuchen zu einer Reform desselben ausführlich gehandelt. Das dort entworfene Bild von der Stellung und äusseren Wirksamkeit des Kammergerichts soll in dieser Schrift ergänzt werden. Ich spreche zunächst von den Beamten des Gerichts, den Parteien und ihren Vertretern; in der zweiten Abhandlung wird zum ersten Male versucht, mit Benutzung des umfangreichen Urkundenmaterials eine kurze, aber getreue Darstellung des Verfahrens vor dem Kammergericht zu geben; im dritten Abschnitt werden diejenigen Urtheile des Gerichts mitgetheilt, welche für die Geschichte des Rechts in Deutschland, insbesondere für die Geschichte der Reception des römischen Rechts von Bedeutung sind.

I.

Das Gericht und die Parteien.

Den Vorsitz im Kammergericht führt der König selbst oder ein von ihm für den einzelnen Fall oder auf längere Zeit bestellter Kammerrichter; sehr oft sind Beamte des königlichen Hofes oder Geistliche mit dieser wichtigen Stellung betraut [1]. Auch als Bei-

[1] Die Zeugnisse Reichshofgericht I. 332 ff. — Es ist hier gleich daran zu erinnern, dass ein sehr grosser Theil aller Rechtssachen, welche vor dem Kammergericht zu verhandeln gewesen wären, durch delegirte Richter erledigt wurde und, wie sich die Verhältnisse im Reich nun einmal gestaltet hatten, erledigt werden musste: a. a. O. I. 348, 49, II. 57—61.

sitzer, Rechtsprecher, Urtheiler[2]) werden überwiegend Beamte — königliche Räthe — und Gelehrte herbeigezogen[3]). Diese Art der Besetzung des Gerichts war zu einer Nothwendigkeit geworden; einmal — dies betrifft die Beamten — weil andere taugliche Beisitzer aus dem Reiche nicht mehr gewonnen werden konnten; sodann — bezüglich der Gelehrten — weil die Parteien gelehrte oder halbgelehrte Vertreter zur Führung ihrer Sache ernannten und grade diese stets und überall die Anwendung der gemeinen beschriebenen Rechte bei der Beurtheilung der materiellen Rechtsfragen und für die prozessualische Behandlung der einzelnen Rechtssachen forderten. Nach der K.G.O. von 1471 schwören Richter und „beisitzende Urtheiler" denselben Eid: dass sie nach bestem Verständniss und Sinnen recht urtheilen und recht sprechen und davon auch nicht lassen wollen um Furcht, Gunst, Liebe, Gabe oder Versprechen einer Gabe; sie wollten auch das Urtheil nicht gefährlich verzögern, keiner Partei Hilfe oder Beistand thun oder ihr in einer schwebenden Rechtssache Rath ertheilen[4]).

Dass zur gehörigen Besetzung des Gerichts die Zuziehung eines Gerichtschreibers schlechterdings nothwendig sei, ist auch jetzt noch nicht gesetzlich ausgesprochen[5]). Wie sich aber das Verfahren in dieser Zeit gestaltet hatte, war die Mitwirkung eines solchen Beamten thatsächlich unentbehrlich. Das Amt bekleideten,

[2]) Beisitzer heissen sie z. B. Harpprecht I. 149, 88, 90, III. 497, Senckenberg: de iudicio camerali hodierno 185, — Rechtsprecher bei Chmel: Materialien zur österreich. Geschichte I. 145, 6, 345, Regesten Friedrichs III. Anhang zu Bd. I. Nr. 54, 55, — Urtheiler, Urtheilsprecher bei Senckenberg a. a. O. 101, Mat. I. 170, 212, Harpprecht I. 157, 89, 90, Reg. Nr. 7, u. s. w. — In den Protokollen des Gerichts wurden Richter und Urtheiler an der Spitze aufgeführt: Monumenta Habsburgica II. 507, 8; in den Urtheilbriefen werden die Beisitzer überhaupt nicht regelmässig genannt; wenn es aber geschieht, meist am Schlusse mit den Worten: Hierbei sind gewesen —: Reg. Nr. 30, 41—44, 46, 48, 52, 54, Harpprecht I. 144, 49, 57, 99.

[3]) Nachweise Reichshofgericht I. 336 ff.

[4]) K. G. O. § 1 bei Harpprecht I. 220.

[5]) Vgl. Reichshofgericht II. 123.

wie einmal hervorgehoben wird, Notarien[6]). Die K.G.O. setzt die Zuziehung eines Gerichtsschreibers bereits als regelmässig voraus und normirt den von ihm zu leistenden Eid dahin: dass er alle vor ihm geschehenen Gerichtshändel getreulich aufzeichnen, die Register, Briefe und Urkunden, welche im Gericht vorgelegt oder bei demselben niedergelegt würden, getreulich halten und dieselben keiner Partei ohne Erlaubniss von Richter und Urtheilern übergeben oder ihr sonst Kenntniss vom Inhalt verstatten wolle[7]).

Als Unterbeamte werden die Gerichtsboten erwähnt. Sie hatten zu schwören, dass sie alle Ladungen, Urtheile u. s. w. getreulich verkünden und ausantworten, dabei ungefährlich handeln und über die Ausführung des Auftrags wahrheitsgemäss berichten wollten. Was sie auf diesen Eid hin aussagten, sollte gerichtlichen Glauben haben[8]).

Die Parteien können im Gericht selbst erscheinen, selbst handeln und persönlich das Wort führen[9]), aber sie dürfen sich auch in allen Sachen durch einen vollmächtigen Anwalt vertreten lassen[10]). Ob ein Mandat „als zu Recht genug" [11]) anzusehen sei oder „un-

[6]) Mon. Habsburg. III. 501.

[7]) K. G. O. § 2 bei Harppr. I. 221.

[8]) K. G. O. § 8 a. a. O. 223. Ueber ihre Besoldung das. § 9. — Siehe auch Regesten Nr. 8475.

[9]) K. G. O. § 7: — oder ob yemant im selbst sein wort im rechten thun wolt; vgl. Reg. Nr. 4, 18, 25 und sonst öfters.

[10]) Die am häufigsten vorkommende Bezeichnung des Vertreters der Partei ist „vollmächtiger Anwalt" (z. B. Harpprecht I. 135, 41, 54, 71, 254 u. s. w.). Sonst heisst er auch procurator (Reg. Anh. Nr. 5, 30, 52 u. a. m.), — Machtbote mit voller Gewalt (Reg. Nr. 43, 48, 52), — vollmächtige Botschaft (Mon. Habsb. III. 511), — Anwalt, Botschaft, Machtbote mit voller, ganzer, genugsamer, vollkommener, vollmächtiger Gewalt (Reg. Nr. 4, 14, 18, 25, 30, 42, 49, 55, Mon. Habsb. III. 510, 11, Harppr. III. 495).

[11]) Dieser Ausdruck findet sich sehr häufig, z. B. Chmel: Reg. Nr. 7, Mon. Habsb. II. 145, 47, 81, III. 572, Mater. z. österr. Gesch. I. 168 u. s. w.

vollkommen gesprochen" [12]) werden müsse, entscheidet das Gericht durch Urtheil; in formeller Beziehung wurde erfordert, dass die Bevollmächtigung in einer glaubhaften schriftlichen Urkunde [13]) oder durch mündliche Erklärung vor Gericht [14]) erfolge und zu Gewinn und Verlust und zu allen Rechten [15]) geschehe. In der

[12]) So z. B. Reg. Anh. Nr. 28 (ohne Angabe des Grundes, weshalb die Vollmacht nicht für genügend angesehen wurde), — Harppr. I. 148 (statt zur Beantwortung der Klage legitimirt zu sein, sollen die Vertreter eine Appellation anmelden), — das. 205 (der Anwalt des Verkl. ist nur bevollmächtigt, seines Herrn Befehle fürzubringen), — das. III. 495 (der Sendbote des Verkl. ist nur beauftragt, die Zurückweisung einer Klage an ein anderes Gericht zu begehren), — Mon. Habsb. II. 182 (der Anwalt beruft sich statt auf eine specielle Prozessvollmacht, auf Credenzbriefe, die er dem König überreicht habe), — Mater. z. österr. Gesch. I. 171 (die Vollmacht sei nicht genugsam, weil sie nicht ausgefertigt sei nach Sitte und Gewohnheit des königl. Hofes, namentlich enthielte sie nicht die Clausel „zu Gewinn und Verlust").

[13]) Diese Art der Bevollmächtigung bildet durchaus die Regel: Chmel Reg. Nr. 18, 21, 42, Harppr. I. 174, Schoepflin: hist. Zar. Bad. VI. 341 (Gewaltsbriefe, verschriebene Gewalt). Zahlreiche schriftliche Vollmachten aus dieser Zeit sind erhalten: Reg. Nr. 79, Mon. Habsb. II. 194, 96, 204, III. 513; siehe auch Reichshofgericht II. 169. 70.

[14]) Ein solcher Fall bei Senckenberg: de iud. cam. hod. 174; ein anderer Mater. z. österr. Gesch. I. 167.

[15]) Ueber die Bedeutung dieser Formel und die Nothwendigkeit derselben vgl. Reichshofgericht II. 168—71. — Eine erschöpfende Vollmacht lautet so: haben inen gegeben — der bemelten haubtsach, scheden und aller anderer sachen halber, so darin berürt, — nichts hierin ausgenomen — gantzen und vollen gewalt, geben in den auch hiemit, wie dann das an dem bemelten camergericht und an allen enden am allerhöchsten und pesten kraft und macht haben sol, kann oder mag, also daz sy bede und ir yeder besunder als unser volmaechtig procuratores und anwaelt in unserm namen und an unser statt vor demselben camergericht die — Gegenpartei — umb all und yeglich stückh — mit recht fürzunehmen, ze klagen, in geschrift zu setzen und ire klage zu verantworten, darauf zu antworten oder wie sich das gepuret im rechten unser notdurfft nach fürzubringen und alles das hierin handeln, tun und lassen sollen und mögen zu gewyn und zu verlust und allem rechten, auch solichen gewalt anderen zu bevelhen und zu übergeben und den wider an sich zu nemen als oft in das gefallet oder notdurft ist. Und was die genanten unser anwaelt, ir nachgesetzten procurator oder procuratores in den sachen allen untz zu end und

Wahl ihrer Vertreter waren die Parteien nicht beschränkt. Die K.G.O. von 1471 schrieb freilich vor, es sollte keiner als Advokat in einer Rechtssache auftreten dürfen, er sei denn zuvor durch den König oder einen vom König Beauftragten zu solchem Amte aufgenommen worden, und machte die Aufnahme zum Amte von der vorhergehenden Ableistung eines Eides abhängig [16]); sie gestattet aber den Fürsten, Grafen, Herren und Communen auch andere Vertreter zu wählen, „doch auf Eide von denselben zu thun" [17]), und selbst für andere als die eben genannten Parteien scheint die Praxis die Beschränkung auf am Hofe angestellte Vertreter nicht festgehalten zu haben [18]). Andererseits finden sich sowohl nach 1471 als auch lange vorher schon geschworene Prokuratoren des

austrag also handeln, fürnemen, tun oder lassen werden, das ist unser guter will und wellen das auch stät und unzerbrochen halten, das sol auch crafft und macht haben als ob wir selbst gegenwertig wären und das täten oder getan hätten. Und ob auch die genanten unser anwelt oder ir nachgesetzt procuratores in solichem mer gewalts bedurffen wurden, den wellen wir in auch hiemit gegeben haben in allermass, als ob der von wort zu wort hierinn begriffen und geschriben were. Alles getreulich und an geverde. (Mon. Habsb. II. 204). — Beschränkungen in dem nicht wesentlichen Inhalt sind zulässig; z. B. der Auftraggeber behält sich vor, etwaige Substitutionen zu widerrufen und zu ändern, wenn es ihm nöthig scheint und Ordnung und Form des Rechten es zulässt (a. a. O. III. 513).

[16]) Die K. G. O. kennt Advokaten, welche für die Partei handeln und ihr rathen, und Fürsprecher oder Prokuratoren, welche die Sache im Gericht fürbringen. Keine Partei soll mehr als einen geschworenen Advokaten oder Fürsprecher annehmen und keiner soll eher einer Partei Rath ertheilen, bis er von ihr mit Führung der Sache beauftragt ist. Wie die Zulassung der Advokaten, so ist auch die der Fürsprecher beschränkt: es soll keiner „das Wort in den Rechten zu thun zugelassen werden", er sei denn vorher als Fürsprecher am königl. Hofe aufgenommen und vereidet: § 3; — die zu leistenden Diensteide: § 4, 5, — Dienste für die Armen: § 6.

[17]) K. G. O. § 7. Mit dem Eide ist wohl der von den patroni causarum nach l. 14 § 1 Cod. III. 1 zu leistende gemeint.

[18]) Siehe z. B. Mon. Habsb. III. 516. Früher ist von irgend welcher Beschränkung der Parteien nie die Rede.

königlichen Hofes als Bevollmächtigte der Parteien [19]), und es war ja auch vollkommen erklärlich, dass man gerade diese, mit den Verhältnissen am Hofe und dem Verfahren am meisten vertrauten Beamten vorzugsweise mit der Prozessführung beauftragte. Jedenfalls mussten die Parteien, wollten sie sich nicht schweren Rechtsnachtheilen aussetzen, darauf bedacht sein, Vertreter zum Gericht zu entsenden, welche mit dem römisch-kanonischen Prozess und dem fremden Rechte bekannt waren, wie denn auch nach der K.G.O. von 1471 nur „gelehrte Advokaten, die den Parteien wissen zu rathen", aufgenommen werden sollten. Daher finden wir denn auch nicht selten Magister, Doctoren, Lehrer der Rechte als Anwälte (und Fürsprecher) genannt [20]); zweifellos ist es auch, dass die Prokuratoren des Hofes, welche von den Parteien bevollmächtigt werden konnten, gelehrte juristische Bildung besassen, und dasselbe gilt von den Machtboten der Städte, der Fürsten und anderer Parteien, wenn sie auch schlechthin als bevollmächtigte Anwälte bezeichnet werden. Wie hätte auch z. B. in einem fiskalischen Prozesse eine Partei bestehen sollen, wenn sie nicht den Doctoren und Lehrern der Rechte, welche als Vertreter der königlichen Kammer auftraten [21]), einen gleich gewandten und bewanderten Vertreter entgegengestellt hätte; und so in allen andern Fällen, wo sich der eine streitende Theil des Beiraths eines gelehrten Juristen bedienen konnte.

Wie am Reichshofgericht den Parteien gestattet war, ihre Sache selbst — das heisst: ohne Fürsprecher — im Gericht zu führen, so konnte auch am Kammergericht der Sachwalter — die Partei oder deren Anwalt — selbst das Wort führen; bleibt z. B.

[19]) Vollmacht von 1448 bei Chmel: Reg. Nr. 79, von 1459 bei Senckenberg: de iud. cam. hod. 174; siehe auch Hofgericht II. 165 Note 4. Aus späterer Zeit z. B. Mon. Habsb. II. 145, 181.

[20]) Beispiele: Mon. Habsb. II. 145, 195, III. 479, 572, Harppr. I. 129, 74, 76, Chmel: Reg. Nr. 25.

[21]) Der Kammerprokurator-Fiskal Hartung von Kappel war: Doctor, Georg Ehinger: Lehrer der Rechte, andere waren königliche Räthe. — Ueber die Stellung dieser Beamten: Hofgericht II. 177 ff.

die eine Partei aus, so liegt die Sache im Ganzen so einfach, dass der Gegner der Fürsorge des Fürsprechers entrathen kann[22]; ebenso dingt sich ein Anwalt, der die Gefahren des Rechtsganges nicht zu fürchten hat, z. B. der Kammerprokurator-Fiskal, selbst im Rechte an[23]. Die Regel ist aber allerdings jetzt wie früher, dass der Sachwalter sich durch einen Redner, Fürleger oder Fürsprecher andingt und durch diesen das Wort im Gericht führen lässt[24]. Ueber die Stellung der Fürsprecher und ihrer Gehülfen und die damit in Verbindung stehenden prozessualischen Vorgänge bieten unsere Quellen keine weitere Aufklärung dar[25].

II.

Das Verfahren am Kammergericht.

Das Verfahren am Kammergericht ist während des ganzen hier in Betracht kommenden Zeitraums durch die Gesetzgebung niemals vollständig geregelt worden[26], vielmehr ordnete sich der Gang des Prozesses im Ganzen wie in den einzelnen Abschnitten

[22]) Siehe z. B. Chmel: Regesten Nr. 41, 42, 43, 44, 46 und viele andere Stellen.

[23]) Beispiele: Fontes rerum Austr. II. 361, Harpprecht I. 202, Mon. Habsb. III. 481, 572 (sämmtliche Fälle betreffen den Kammerprokurator-Fiskal); andere Fälle: Harpprecht I. 171, Mon. Habsb. III. 511, 17, II. 145 u. a. m.

[24]) Zeugnisse: Regesten Nr. 10, 14, 18, 21, 28, 30, Harpprecht I. 174, 75, 254, 55, de iud. cam. hod. 171, 73, Senckenberg: kaiserl. höchste Gerichtsb. 70, Mon. Habsb. III. 479, 517, 73 u. s. w. Siehe auch oben Note 16.

[25]) Vergl. hierzu Reichshofgericht II. 181—86.

[26]) Die oben erwähnte K. G. O. von 1471 enthält nur wenige Bestimmungen über die Appellationen und das Ungehorsamsverfahren, von denen es überdies zweifelhaft ist, ob sie praktisches Recht wurden.

„nach Uebung und Gewohnheit des kaiserlichen Hofes und Kammergerichts“ [27]); nach dieser oder — was damit für gleichbedeutend zu halten — nach „des Reichs Recht, des Reichs Rechten“ [28]) soll procedirt werden. Aber die Gewohnheit des Reichshofes und des Reiches Recht schliesst die Anwendbarkeit des fremden Rechts nicht mehr aus. Die Litiscontestation, die Exceptionen im Allgemeinen, die prozesshindernden insbesondere, die interrogatoria spec. u. gen. beim Beweisverfahren, die Appellation und die Nichtigkeitsbeschwerde sind dem Prozess des Kammergerichts nicht unbekannt, und die Parteien berufen sich auch für das Verfahren auf das „gemeine kaiserliche und päpstliche Recht“, das „gemeine“, das „geschriebene“ Recht [29]). Und dies geschieht nicht so, als wäre die An-

[27]) Man soll Urtheil sprechen und Recht ergehen lassen als „gewohnheit und recht des Kg. ist“: Senckenberg: de iud. camer. hod. S. 186, — die Wirkungen einer Prozessvollmacht sollen diejenigen sein, welche „des Kg. gew. und recht“ ihnen beilegt: das. 174, — dass die von einer Partei vorgelegten Urkunden der Gegenpartei in Abschrift vorgelegt werden, ist nicht „gew. und herkommen des Kg.“: das. 145, — man soll den ungehorsamen Verklagten rufen nach „gew. unseres Kg.“: Senckenberg: k. h. G. Beil. S. 71, Harpprecht I. 212, Mon. Habsb. II. 509, u. a. m., — Harpprecht I. 142 (Besetzung des Gerichts nach Gewohnheit des Kg.), — Chmel: Geschichte Kaiser Friedrichs IV. Bd. II. 755 (Appelliren nach Gewohnheit des Kg.).

[28]) Harpprecht I. 139, 47.

[29]) Senckenberg: de iud. cam. hod. 119. (Berufung und App. werde von päpstlichen nnd kaiserl. Rechten gegönnt zu Hülfe derer, welche beschwert sind) — das. 125 (es ist gemein Recht, dass Kundschaft im Rechten nit ist mechtig, die unerkant im Rechten gesagt wirt), — Harppr. I. 130 (wie eine App. nach gem. kaiserl. und päpstl. Recht zu geschehen habe), — das. 131 (Verfahren wider das gemeine Recht), — das. 182, 87, 91 (es ist gemeines Recht, dass der Appellant wegen Attentata das Rechtsmittel verliert), — Mat. z. österr. Gesch. II. 107 (die App. ist nicht geschehen, wie es sich gebührt nach päpstlichen und kaiserl. Rechten, — päpstl. und kais. Rechte weisen, dass von keinem Lehnrichter um Sachen, welche Lehen antreffen, appellirt werden solle), — Mon. Habsb. II. 149 (es ist im gemeinen R. begründet, dass Klage und Gegenklage miteinander gehen sollten), — und besonders auch das umfangreiche Urtheil das. III. 479. — Erscheint es den Parteien fördersam, so berufen sie sich aber auch auf altes Herkommen, gute alte ‚Landesgewohnheit, überhaupt auf deutsche Prozessgrundsätze; z. B. Chmel Reg. Nr. 4, Harpprecht I. 155, de iudicio cam. hod. 136.

wendung des fremden Rechts etwas Neues, Ungewohntes, sondern es wird als selbstverständlich, unzweifelhaft angesehen, dass in solcher Weise verfahren werden müsse: weder das Gericht, noch die Prozessgegner finden etwas dagegen zu erinnern, und einzelne Grundsätze, welche entschieden dem fremden Rechte angehören, werden schon als „Gewohnheit des Kammergerichts" bezeichnet[30]). So regelt sich das Verfahren theils nach älteren Gewohnheiten des Hofes, theils nach den Vorschriften des römisch-kanonischen Prozesses und in sehr vielen wichtigen Beziehungen nur nach den letzteren.

Die Oeffentlichkeit des Verfahrens war nicht grundsätzlich ausgeschlossen. Alle Verhandlungen finden vor dem gesammten Gericht und in Gegenwart der Parteien oder deren Vertreter statt; von der Anwesenheit anderer aber als der Parteien ist nicht mehr die Rede, was sich theils aus der Wahl der Gerichtsorte und der Gerichtsstätte, theils aber daraus erklärt, dass das Verfahren, wie es sich nun gestaltet hatte, von den Ungelehrten kaum noch verstanden wurde und für sie kein Interesse mehr haben konnte.

Die Mündlichkeit des Verhandelns ist durchaus die Regel. Die Parteien werden zugleich geladen und erstatten ihre Vorträge vor versammeltem Gericht oder vor dem mit der Leitung der Handlung beauftragten Commissarius. Aber über das Vorgetragene werden sehr ausführliche schriftliche Aufzeichnungen aufgenommen[31]). Diese „Gerichtshändel, Akta, Register" dienen den Parteien in geeigneten Fällen zum Beweise früherer Anführungen, das Gericht selbst beruft sich gelegentlich auf dieselben[32]), namentlich wird

[30]) Harppr. I. 198 (schriftlich muss nach Gewohnheit des Kg. von Interlokuten appellirt werden).

[31]) Zum Beweise dienen die meisten der im dritten Abschnitt dieser Arbeit mitgetheilten Urtheilsbriefe.

[32]) Z. B. Mon. Habsb. II. 150: „des zug er sich in die acta deshalben aufgeschriben"; — ähnlich das. III. 580; — Senckenberg: de iud. cam. hod. 101: „wie die sache in unsers gerichts register eingeschriben". — Siehe auch die K. G. O. von 1471 § 2.

es als Gewohnheit des Kammergerichts bezeichnet, dass Klage, Antwort, Rede und Widerrede schriftlich aufgezeichnet würden, um bei der Beweisaufnahme als Grundlage zu dienen[33]). In wichtigeren und umfangreicheren Sachen übergeben auch die Parteien ihre Auslassungen dem Gericht schriftlich, welches dann die Mittheilung derselben an den Gegner und die mündliche Erläuterung des schriftlichen Vortrags anordnet[34]). Ausdrücklich wird aber vom Kammergericht anerkannt, dass keine Partei ihre Erklärungen, auch wenn sie sehr complicirt seien, dem Gegner „in Geschrift zu geben" verbunden sei: sie muss nur, wenn es verlangt wird, dieselben wiederholen und erläutern, damit der andere Theil nach seiner Nothdurft dazu reden könne[35]). Von der Form einzelner Parteihandlungen und der richterlichen Verfügungen wird im Folgenden die Rede sein.

Der Prozess bewegt sich noch immer, wie es auch am Reichshofgericht der Fall war, durch eine Reihe von Urtheilen vorwärts[36]). Ist eine die Sache selbst oder das Verfahren betreffende Frage streitig, so setzt eine Partei oder jede der Parteien oder beide gemeinschaftlich dieselbe zu Recht[37]) und das Gericht entscheidet darüber durch ein Erkenntniss, welches für den weiteren Fortgang der Verhandlung massgebend und für die streitenden Theile bin-

[33]) Mon. Habsb. III. 492.

[34]) Schriftliche Aeusserung der Parteien über den erhobenen Beweis: Mon. Habsb. III. 485, — ähnlich das. III. 520.

[35]) Senckenberg: de iud. cam. hod. 155.

[36]) Reichshofgericht II. 194. ff.

[37]) „Zu Recht setzen" ist jetzt der technische Ausdruck für das Verhalten der Partei zur Herbeiführung des Urtheils (vgl. Reichshofger. II. 262). Eine Partei setzt zu R.: Regesten Friedrichs Anhang Nr. 41—44, 46, 57, Harpprecht I. 212, III. 497 u. s. w., — jede Partei stellt ihren Antrag zu R.: Harppr. I. 172, 507, Reg. Nr. 52, Mon. Habs. II. 156, — die Parteien beiderseits: Harppr. I. 154, 57, 76, 253, Reg. Nr. 46, 49, 54, 55 und sonst sehr häufig. — Auf den Rechtssatz wird dann vom Gericht zu Recht ertheilt: Harppr. I, 157, 80 u. a. m.

dend ist[38]). Das Urtheil wird gefunden durch Umfrage bei den zum Urtheilen Berufenen und es ist zu Stande gekommen, wenn sie sich insgesammt oder in der Mehrzahl für dasselbe ausgesprochen haben[39]). Die am häufigsten vorkommenden Formeln sind, es sei: mit eintrechtlichem urteil erkannt und zum rechten gesprochen[40]), mit gemeinem gesammneten urteil zu recht gesprochen und erteilt[41]), mit gemeinem einhelligen, oder: mit einhelligem urteil erteilt[42]), eintrechtiglich oder einhellig zu recht gesprochen, erteilt, erkannt[43]), durch den mereren teil der rechtsprecher z. r. g. oder erteilt[44]). In der früheren Zeit der Wirksamkeit des Kammergerichts blieb man sich wohl des Unterschiedes, der in der Thätigkeit des Richters und der Urtheiler nach deutschen Prozessgrundsätzen bestand[45]), noch bewusst; doch änderte sich dies bald insofern, als auch der Richter an der Urtheilfindung Theil nahm. Die K.G.O. von 1471 § 1 kennt, wie bemerkt, nur einen Eid für den Richter und die beisitzenden Urtheiler; sie müssen schwören, dass sie „recht urtei-

38) Bei einzelnen Verhandlungen tritt dies recht klar hervor. Im J. 1445 erhebt der Verkl. eine Reihe dilatorischer Einreden, die sämmtlich verworfen werden. Endlich ergeht das Urtheil: der Verklagte solle nunmehr auf die Klage antworten; als derselbe dennoch neue Einreden geltend zu machen sucht, erkennt das Gericht: nachdem jenes Urtheil gesprochen, könne sich Verkl. durch keine Exc. mehr gegen die Einlassung auf die Klage schützen. (Mater. zur österr. Geschichte I. 169, 70.) — In einem andern Falle aus demselben Jahre erscheint ein Vertreter für Verkl. und legt Vollmacht vor, die aber durch Urtheil für unvollkommen erklärt wird. Darauf bittet der Abgesandte, man möge ihm gestatten, darzulegen, dass sein Auftraggeber durch ehehafte Noth verhindert sei, im Gericht zu erscheinen. Es wird erkannt: hätte er vor dem Urtheil sich erboten, seinen Herrn in solcher Weise zu entschuldigen, so wäre er gehört worden; jetzt aber sei dies nicht mehr zu gestatten (a. a. O. S. 171). — Siehe auch den Rechtsfall in den Mon. Habsb. III. 571—81.

39) Vgl. zum Folgenden Reichshofgericht II. 266 ff.

40) Reg. Nr. 28, 41, 42, 44, 55, 57.

41) Reg. Nr. 30, 46, 52.

42) Reg. Nr. 48, 49, 59, de iudicio cam. hod. 89.

43) Reg. Nr. 43, Harpprecht I. 172, 209, de iud. cam. hod. 155.

44) Reg. Nr. 54, de iud. cam. hod. 189.

45) Vgl. Reichshofgericht II. 92 ff.

len und recht sprechen“ wollen; aber schon zwanzig Jahre früher heisst es: „unser richter und die urteiler haben einhellig zu recht erkannt und gesprochen“ [46]), und wenn es dann, wie später fast regelmässig, heisst: es sei im Kammergericht zu Recht erkannt worden [47]), so darf man mit Sicherheit annehmen, dass das Urtheil durch die Thätigkeit des gesammten Gerichts, einschliesslich des Kammerrichters, zu Stande gekommen ist. Viel häufiger als früher geschieht es jetzt auch, dass der König allein und nur nach dem Rathe seiner Umgebung erkennt und zu Recht spricht, sei es, dass eine Sache von Anfang an vor ihm selbst verhandelt worden [48]), sei es, dass Richter und Urtheiler die Sache an ihn schieben oder weisen [49]), sei es endlich, dass er dieselbe aus eigener Bewegung an sich zieht [50]). In solchen Fällen wird das Urtheil wohl von vornherein schriftlich abgefasst: „erkennen und sprechen mit diesem Brief“ [51]), während sonst das durch mündliche Berathung und Besprechung gefundene Urtheil auch mündlich eröffnet und erst dann den Parteien Urkunde darüber ertheilt wird [52]). Bei den Endurtheilen erhält die obsiegende Partei nicht nur „Urtheilsbriefe“, sondern es werden auf ihr Be-

[46]) Harpprecht I. 157.

[47]) Harpprecht I. 176, 80, 90, 99, 208, 212, 51, 53, 58, 67, 70, 71, Mon. Habsb. II. 158, 86, 511, 12, III. 482, 501, 519, 50, Fontes II. 363 und sonst sehr häufig.

[48]) So z. B. 1448: haben wir zu recht erkennet, erkennen und sprechen zu recht (Harpprecht I. 144), — also erkennen und sprechen wir — nach rate — zu recht (das. 149).

[49]) So 1447: haben solich sache an unser Kgl. Maj., dieselbe auszusprechen geweist und geschoben, — also erkennen und sprechen wir — nach rate — zu recht (Harpprecht I. 138); — fast gleichlautend, aber mit Hervorhebung des Raths der Rechtsgelehrten, im J. 1449 (das. III. 497). In anderen Fällen weist aber der König das Ansinnen, selbst Recht zu sprechen, zurück und beauftragt das Gericht, der Sache „im Rechten nachzugehen und Urteil zu sprechen“: so 1455 bei Harpprecht I. 190 und 1459 bei Senckenberg: de iud. c. h. 185.

[50]) So z. B. Mat. z. österr. Geschichte I. 172.

[51]) So 1446: Mat. I. 190, 1448: Harpprecht I. 149.

[52]) Vgl. die Urkunden bei Chmel: Reg. Anhang Nr. 48, 49.

gehren auch besondere „Gebotbriefe“ ausgefertigt, durch welche dem Unterliegenden aufgegeben wird, dem Urtheil Genüge zu leisten[53].

Die Eingriffe des Königs in die Rechtsprechung und in die Rechtspflege überhaupt[54]) gaben, wie ich an einem andern Orte geschildert, vielfach Anlass zu Beschwerden. Auch sonst fehlte es nicht an Klagen: über die Kostspieligkeit des Verfahrens, über die unzulängliche Exekution erkannter Urtheile, endlich über die unerträgliche Verschleppung der Prozesse. Die Entscheidung wichtiger und tief eingreifender Rechtssachen wird vertagt: weil das Gericht zur Zeit nicht gehörig besetzt werden könne, weil der König mit anderen Geschäften überladen, weil die Sache zu entscheiden schwierig sei, um noch erst den Versuch freundlicher Einigung anstellen zu lassen, oder schlechthin aus gerichtlicher Gütigkeit. Gegen alle solche, vom Gericht verschuldete Verzögerungen gab es kein Schutzmittel, die Bestechung etwa ausgenommen. Aber auch an den Advokaten lag es oft, dass sich die Verhandlungen über die Gebühr ausdehnten. Nicht selten gewährten sie sich gegenseitig Zeit zu Bedenken, zur Vornahme von Handlungen, zur Einlegung von Schriften, noch öfter wussten sie, auch gegen den Widerspruch der andern Partei, Vertagungen zu erlangen[55]).

53) Harpprecht I. 150, Mon. Habsb. III. 520, das. 582, Mat. z. österr. Gesch. I. 144, 46, 70, 230 u. a. m.

54) Dahin gehörte auch, dass der König Urtheile des Kg. aus eigener kaiserl. Machtvollkommenheit abänderte (Reg. Nr. 6817), dass er Rechtssachen, die an andern Gerichten schwebten, vor sein Gericht zog (Reg. 6704), Urtheile niederer Gerichte willkürlich suspendirte (Reg. Nr. 6803), und a. m.

55) Ueber alles Vorhergehende siehe Reichshofgericht I. 347—57. Zum Erweise des Missbrauchs, welchen die Advokaten mit den Anträgen auf Verlängerung der Fristen, Vertagung der Verhandlungen, Vorschützen von unbegründeten dilatorischen Einreden u. s. w. trieben, brauchen einzelne Zeugnisse nicht angeführt werden: man braucht nur einen Bericht über irgend eine wichtigere Sache zu lesen, um die Richtigkeit des im Text Bemerkten zu erkennen; siehe z. B. Mon. Habsb. III. 479—502 oder Mat. z. österr. Gesch. I. 166—71, oder de iudicio cam. hod. 139 ff.

Von Strafen solcher Missbräuche erfahren wir nichts und von Präventivmassregeln war, soweit sich ersehen lässt, nur der Calumnieneid bekannt. Der sog. generelle Calumnieneid ist freilich dem Verfahren des Kammergerichts in dieser Periode fremd, dagegen werden specielle Eide dieser Art sehr häufig zur Anwendung gebracht, wenn die Gegenpartei oder das Gericht Grund hat, eine arglistige Verzögerung zu befürchten[56]).

Das gesammte Verfahren wird eröffnet durch die Klagbitte. Dieselbe muss enthalten die Angabe: der Partei, gegen welche die Klage gerichtet ist, und des Rechts, welches der Kläger in Anspruch nimmt, sowie endlich das mehr oder minder ausführliche Gesuch, ihm deshalb gnädiglich Rechtens zu gestatten oder zu verschaffen; die Thatsachen, auf Grund deren Kläger das behauptete Recht zu haben vermeint, werden nur soweit vorgetragen, als es zur unzweifelhaften Bezeichnung des Rechtsverhältnisses nothwendig ist[57]). Dass es zulässig gewesen sei, die Einleitung des Verfahrens durch einen mündlichen Vortrag zu erbitten, ist wohl unzweifelhaft, wenn auch die in den Ladebriefen regelmässig vorkommende Aeusserung: die Partei habe „mit Klage oder klagweise fürbringen lassen“, einen Schluss in dieser Beziehung nicht gestattet. Andererseits ist es aber auch gewiss, dass die Klage dem Gericht schriftlich übergeben werden durfte[58]), und man darf annehmen, dass die schriftliche Anstellung der Klage die allgemeine Regel bildete. Der Klaglibell war aber nur ein kurzer Vortrag: Klagzettel, Zettel schlechthin wird er gelegentlich genannt[59]); die weitere Begrün-

[56]) Beispiele: Harpprecht I. 270, — Mon. Habsb. III. 482, 98, — Senckenberg: de iudicio cam. hod. 142, — das. 182, — Mat. zur österr. Gesch. I. 345, II. 107, — und sonst öfters.

[57]) Dies Alles ergiebt sich aus den Ladebriefen, die ich im Folgenden in grosser Zahl anführe.

[58]) Beispiele: Chmel Reg. Anh. Nr. 53, — Harpprecht III. 496, — Mon. Habsb. III. 488, 91.

[59]) Mon. Habsb. III. 488.

dung und Rechtfertigung der Klage gehört in die mündliche Verhandlung: dort soll er Klage und Spruch „ganz und vollkommenlich fürtragen“ [60]).

Auf die Klage erlässt der König, wenn es geeignet erscheint, ein mandatum cum citatione oder ein Mandat ohne diese Clausel [61]), in allen andern Fällen erfolgt die bedingungslose Ladung der Parteien: des Klägers, um die Klage zu vollführen [62]), — des Verklagten, um dieselbe zu beantworten oder zu verantworten. Die Ladung geschieht, wie dies auch am Hofgericht längst üblich war,

[60]) So Chmel: Reg. Nr. 30.

[61]) Es kommen vor mandata cum citatione und zwar a) ohne Androhung einer Strafe, z. B. der Verklagte solle die Stadt W. in den Gebrauch einer Servitut (Viehtriebs) wieder einsetzen, — er solle die Kläger im Gebrauch ihrer Güter und in ihrem Verkehr nicht hindern, — eine Summe Geldes zahlen, — gewisse Güter herausgeben u. s. w.: wo er das aber nicht schuldig zu sein glaube oder einige Einrede dawider zu haben vermeine, so werde er geheischen und geladen, dem Kläger im Rechte endlich zu antworten (Mon. Habsb. III. 509, 32, 90, Lünig: R. A. XXII. 410, Chmel: Reg. Anhang Nr. 44, 81) oder b) mit gleichzeitiger Androhung einer Strafe, z. B. der Herzog von Cleve solle die Stadt Duesberg bei einer Strafe von 100 Mark Goldes dem Reiche herausgeben: wenn er das nicht thäte oder rechtliche Einrede dawider zu haben vermeine, so werde er geladen auf den — der Sache halber im Rechten endlich zu antworten, auch zu sehen und zu hören, dass er um seines Ungehorsams wegen in die Strafe mit Recht verurtheilt werde, oder aber redliche Ursache fürzubringen, weshalb dies nicht geschehen solle (Mon. Habsb. III. 503, siehe auch das. 525, 34, 41, 95). Erscheint der Verklagte auf die eventuelle Ladung, so findet das regelmässige Prozessverfahren, und erscheint er nicht, das Contumacialverfahren ganz in derselben Weise statt, als wäre der Prozess ohne Mandat durch unmittelbare Ladung des Verkl. eröffnet worden (siehe z. B. Reg. Anh. Nr. 44, Nr. 81 und Lünig: R. A. XIV. 767). — Die zahlreichen Mandate ohne Ladung — in den Mon. Habsb. III. 506—612 finden sich mehr als dreissig — sind ohne prozessualisches Interesse; der König gebietet oder verbietet etwas, meist mit dem Schlusse: daran tut ir unser ernstlich meynung und sunder gevallen, häufig aber auch mit dem Hinweis auf ein eventuelles rechtliches Verfahren oder unter Androhung von Strafen für den Fall des Ungehorsams.

[62]) So z. B. Harpprecht I. 258.

schriftlich[63]) und nach feststehenden Formen[64]). In der Ladung muss die Klage enthalten oder, wie es sehr häufig heisst, bestimmt sein: daher sich in allen Ladebriefen die Bezeichnung der Parteien, — des Gegenstandes der Klage, des Anrufens, der Beschwerde, — und des thatsächlichen Verhältnisses, wie es in dem Libell gegeben ist, findet[65]). Die Citation muss ferner enthalten den Befehl zu erscheinen[66]) und die Angabe des Gerichtstages; die Person des Richters, welcher dem Gericht vorsitzen wird, konnte und brauchte nicht angegeben zu werden, eben so wenig ein bestimmter Gerichtsort[67]). Es kömmt wohl vor, dass den Parteien nur ein Rechtstag gesetzt und zu diesem sofort peremptorisch geladen wird[68]), die

[63]) Mon. Habsb. II. 157, 603, — III. 504, 9, 15, 32, 33, 34, 35, 41, 59, 71, 78, 95, 96, 603, 8, — und zahlreiche andere in den folgenden Noten erwähnte Instrumente.

[64]) Daher die häufige Bemerkung in den Urkunden: in forma citationis z. B. Mon. Habsb. III. 478, 534, 71, 91, 95.

[65]) Siehe z. B. Senckenberg: de iud. cam. hod. 93; Harpprecht I. 211, 220; Chmel: Reg. II. Nr. 81, 84; Mon. Habsb. III. 478, 504, 9, 25, 32, 71, 95, 96, 608 u. a. m.

[66]) Die Geladenen sollen erscheinen selbst oder durch Bevollmächtigte wider des Klägers Begehren zu reden oder auf dessen Klagen zu antworten, meist: ihm im Rechte endlich zu antworten: Reg. Nr. 3390, Mon. Habsb. III. 495, 504, 9, 25, 35, 41, 95, 96. Ist die Handlung, wegen der geklagt ist, eine mit Strafe reichsgesetzlich bedrohte, oder ist eine solche in einem vorhergehenden Mandate angedroht, oder in der Klage ein Antrag auf Strafe gestellt, so wird der Verklagte nicht nur zur endlichen Antwort geladen, sondern auch: zu sehen und zu hören, dass er mit Recht in die Busse, Poen, Strafe, Reichsacht verfallen erklärt werde, oder rechtliche Ursache fürzubringen, weshalb dies nicht geschehen solle: — z. B. Harppr. I. 211, 20; Fontes rer. Austr. II. 344, 63; Senckenberg: k. h. G. 70; Mon. Habsb. II. 509, III. 504, 25, 34, 41, 71, 95, 96 u. s. w.

[67]) Die Ladung erlässt der König dahin: der Verkl. solle erscheinen: vor ihm oder wem er das an seiner Stelle befehlen würde, und: wo wir dann zumal im Reiche sein werden. — Vgl. Reichshofgericht II. 215 Note 4.

[68]) Siehe z. B. Mon. Habsb. II. 503: setzen — einen endtlichen rechttag peremptorie — nemlich auf den. — Ebendas. III. 559 und Senckenberg: de iud. cam. hod. 93.

durchgehende Regel ist aber, dass erst der dritte Tag peremptorisch ist, sowie andererseits, dass nicht zu jedem Tage besondere Ladung ergeht, sondern zu allen drei Tagen in einem Instrumente und zwar zum letzten peremptorisch geladen wird[69]. Bei Bemessung der Ladungszeiten wird Rücksicht genommen auf die Stellung der Parteien, die Wichtigkeit der Sache, den mehr oder minder weit entfernten Wohnsitz der zu Ladenden; meistens finden sich Fristen von 15 zu 15, aber auch solche von 5 zu 5, 21 zu 21, 30 zu 30 Tagen[70]. Die Fristen beginnen vom Tage nach der Verkündigung oder Ausantwortung der Klage[71], und wenn die eventuelle Ladung mit einem Mandate verbunden war, vom Tage nach Ausgang der in letzterem bestimmten Frist[72]; der von da ab gerechnete 15., 45., 63., 90. Tag ist alsdann der peremptorische und wenn dieser kein Gerichtstag ist, der folgende. Zu dem peremptorischen Termine wird regelmässig mit der Verwarnung geladen: der Geladene möge erscheinen oder nicht, so werde doch auf Anrufen des Gegners geschehen, was von Rechts wegen geschehen müsse, oder: was Recht und Ordnung erfordere, oder; was das Gericht von Recht zu thun schuldig sei, u. s. w.[73]. Die Behändigung der Ladung erfolgte in verschiedener Weise: durch Requisition einzelner Reichsstände[74], durch Notare[75], oder durch

[69]) Beispiele: Mon. Habsb. III. 504, 9, 25, 33, 95, 6 u. a. m.

[70]) Von fünf zu fünf Tagen: Archiv für k. österr. Geschichtsquellen XI. 162, — 21 zu 21 Tage: Mon. Habsb. III. 504, 21, 91, 95, Reg. Nr. 3340, 3519, Riedel: cod. dipl. Br. II. 5, 89, 101, das. III. 1, 377 (achtundsechzig Tage) — 30 zu 30: Chmel Reg. II. Nr. 81, — 15 zu 15: Mon. Habsb. 478, 509, 25, 35, 71, 96, 603, 8 u. s. w.; viele andere Zeugnisse: Reichshofgericht II. 217 ff.

[71]) Mon. Habsb. III. 535, 96, 608; Harpprecht I. 219; Chmel a. a. O. Nr. 81, 84.

[72]) Beispiele: Mon. H. III. 533, 41, 603.

[73]) So oder ähnlich, aber gleichbedeutend in fast all den zahlreichen Ladebriefen dieser Zeit, z. B. Mon. H. III. 535, 603, 546, Chmel a. a. O., Senckenberg l. c. 93.

[74]) Ein Beispiel Harpprecht I. 136.

[75]) So 1477 nach der Urkunde in den Mon. H. III. 597.

direkte Uebersendung des Citationsinstruments[76]. Dass die Insinuation ordnungsmässig geschehen, wird erwiesen mit „geschworener Kundschaft und Gezeugniss" [77], meist aber durch „glaubliche Briefe und Instrumente" [78].

Ueber die Ansichten, welche in dieser Zeit am Kammergericht hinsichtlich der Wirkungen der Ladung — und, fügen wir gleich hinzu, der Litiscontestation — herrschend waren, gewähren die Verhandlungen und Urtheile des Gerichts keine Belehrung. Eine Aenderung der Klagbitte zum Nachtheil des Gegners war, soweit sich ersehen lässt, nach der Ladung nicht mehr gestattet. Es ist dies daraus zu schliessen, dass in allen condemnatorischen Urtheilen dem Kläger das in Anspruch genommene Recht ausdrücklich so und grade in dem Umfange zuerkannt wird, wie es „in der Klage" oder, noch häufiger, „in der ergangenen Ladung bestimmt ist". Zwar findet sich bisweilen die Formel: dass der Kläger seinen Anspruch erstanden habe „nach laut der ladung und wie er den in gerichte bestimmt hat", allein die Prüfung der betreffenden Urtheile ergibt, dass auch in diesen Fällen die bei der Ladung mitgetheilte Klagbitte als entscheidend angesehen wurde für die Art und den Umfang der Verurtheilung des Verklagten, so dass also die Aeusserung: den Anspruch im Gericht bestimmen, nur den Sinn hat, dass die Klagbitte bei den mündlichen Verhandlungen wiederholt, erläutert und gerechtfertigt wurde[79]. Ebenso ist nicht ein einziger

[76]) K.-G.-Ordn. von 1471 §§ 8, 9: Ladungen, Urtheile, Gebotsbriefe u. s. w. sollen durch geschworene Gerichtsboten verkündet und überantwortet werden. — Siehe auch Regesten Nr. 8475.

[77]) Siehe z. B. Harpprecht III. 495.

[78]) Senckenberg: K. h. G. S. 70, Chmel: Reg. Nr. 41, 43, Harpprecht I. 136, 200, 254. Häufig heisst es: eine Partei sei zu Recht geheischen und geladen, „als das die execution unsers keyserlichen ladungsbriefes, so er in gericht legte und verlesen liess, eigentlichen ausweist." Mon. Habs. III. 511, Chmel: Reg. Nr. 21 — Ladung durch Edictalien: Mat. z. österr. Gesch. I. 211, 228.

[79]) Als eine deutliche Bestätigung des oben Vorgetragenen ist ein Rechtsfall von 1446 in den Mater. z. österr. Gesch. I. 212 anzuführen. Graf Heinrich von Görz hat Sendboten des Königs, die ihm Gerichtsbriefe

Fall bekannt, in welchem nach der Ladung eine Aenderung der Klagethatsachen zugelassen worden wäre, und selbst eine Ergänzung und Vervollständigung der letzteren nach erfolgter Ladung hielten einige für unzulässig. Das Gericht selbst liess freilich eine solche Ergänzung der Klagethatsachen zu. In einem 1473 entschiedenen Falle handelt es sich um die Ungültigkeit einer letztwilligen Disposition; in der Klage und Ladung war die Ungültigkeit auf Grund der Thatsachen behauptet worden, dass der Erblasser unehelich geboren gewesen und ohne Leibeserben verstorben sei, auch ein Testament nach den Formen des römischen Rechts nicht gemacht habe; bei der mündlichen Verhandlung führt der Kläger noch weiter an: der Verstorbene habe nicht testiren können, weil er notorisch Wuchergeschäfte getrieben; auf diese Thatsache glauben Verklagte nicht antworten zu müssen, weil sie in der Ladung nicht angeführt worden, weil sie „zu solchem Fürbringen nicht fürgeladen"; das Kammergericht aber lässt diese nachträgliche Anführung zu und legt dem Kläger nur einen Eid darüber auf, dass sein Erbieten, grade diese Thatsache zu beweisen, nicht gefährlicher Weise und zur Verzögerung der Sache geschehe [80]). Aehnlich ein anderer Fall aus demselben Jahre. Der Anwalt des königlichen Fiskus hat gegen Bürgermeister und Rath der Stadt Memmingen „um Unordnung und Missbrauch, die sie bei der Verwaltung geübt hätten," geklagt und in einer besonderen Schrift verschiedene Artikel angeführt, aus denen sich der erhobene Vorwurf rechtfertige. Bei der mündlichen Verhandlung macht er zur Begründung des Klageantrags noch andere einzelne Punkte geltend, auf welche Verklagte zu antworten verweigern, weil sie auf die-

überbringen sollten, beraubt, misshandelt und in Gefangenschaft gehalten. Er ist vorgeladen, sich deshalb zu verantworten. Bei der mündlichen Verhandlung beantragt aber der Vertreter des Königs zugleich, ihn zu einer Strafe von 100 Pfund Goldes zu verurtheilen. Das Gericht erkennt aber nur: der König habe seine Klage nach Inhalt der Ladung gewonnen; wegen der beantragten Strafe aber möge der König den Verkl. nach des Reichs Recht laden lassen.

[80]) Harprecht I. 269.

selben nicht geladen seien. Der Kläger replicirt aber: es sei nicht noth, in eine jede Ladung die Artikel der Klage alle zu setzen, und das Gericht schliesst sich dieser Ansicht an, indem es durch Urtheil die Verklagten für schuldig erklärt, auch auf diese Thatsachen zu antworten[81]).

Die gehörige Ladung der Parteien bildet die Voraussetzung für die gültige Fortsetzung des Verfahrens. Erscheinen die Parteien nicht an den peremptorisch festgesetzten Rechtstagen und vermögen sie auch keine Ehehaften, welche zu Recht genug wären, nachzuweisen, so treffen sie die Contumacialnachtheile.

Was nun zunächst den Kläger anbetrifft, so unterscheidet die K.G.O. von 1471 den Fall, dass „solch Ausbleibunge und Contumacia beschicht, ehe der Antworter auf die Klage geantwortet und litem contestirt hette“, von dem anderen, dass der Kläger ungehorsam würde, nachdem die Klage beantwortet und lis contestirt worden. Im ersteren Falle kann der Verklagte fordern, dass er unter Erstattung der Kosten „von solchem Gericht auf dasselbige Mal entledigt werde“, — er kann aber auch begehren, ihn von der Klage und Ansprache, wie sie in der Ladung bestimmt worden, zu entledigen, und sich erbieten, seine Unschuld und Gerechtigkeit fürzubringen und solches im Recht zu vollführen: dann muss die Verhandlung fortgesetzt und, eventuell nach erfolgter Beweisaufnahme, in der Sache selbst erkannt werden, was Rechtens. Wird aber der Kläger erst nach der Klagebeantwortung und Litiscontestation ungehorsam, so soll der Verklagte von der Klage entledigt werden, es wäre denn, dass das Gericht „aus dem Fürbringen und Gerichtshandel als Kundschaften und anderem den Weg abnehmen möchten, was ihne zu erkennen und zu urtheilen wäre, dem sollten sie also nachkommen und wegen der Gerichtskosten geschehen, was Recht wäre“ [82]). Ob diese Vorschriften insgesammt in der Praxis beobachtet wurden, ist aus den bekannten Urtheilen

[81]) Mon Habsb. III. 488, 92, 95, 97.

[82]) K. G. O. §§ 10—12 bei Harpprecht I. 224 ff.

des Kammergerichts nicht zu ersehen. In einem hier in Betracht kommenden Falle von 1474 erscheint der Verklagte zur Beantwortung der Klage, legt dar, dass und weshalb er geladen worden sei, und beantragt, da Kläger ausgeblieben, ihn mit Recht von der geschehenen Ladung zu entledigen, mit Zutheilung erlittener Kosten und Schäden. Es wird dreimal gerufen und dem Verklagten aufgegeben, die drei nächsten Gerichtstage zu warten, ob Seitens des Klägers Jemand erscheinen würde, die Klage zu vollführen. Nach Ablauf der Frist erscheint der Anwalt des Verklagten wieder und erneuert den Antrag, welchem entsprechend auch sofort mit Urtheil und Recht erkannt wird[83]). Genau dasselbe Verfahren findet statt, wenn der Appellant an dem Tage zur Vollführung und Beantwortung der Appellation nicht erscheint; der Appellat wird seinem Antrage gemäss durch Urtheil von der Ladung entledigt und absolvirt und der ausgebliebene Appellant für schuldig erklärt, dem Gegner Schäden und Kosten nach Mässigung des Gerichts zu erstatten[84]).

Erscheint aber der Verklagte an dem dritten Rechtstage nicht, so beantragt der Kläger, ihm gegen denselben Recht zu gewähren, und es wird darauf erkannt, es solle dem Verklagten dreimal an offenem Gericht und offener Thür gerufen werden, ob er selbst oder jemand seinetwegen da sei, die Klage zu verantworten[85]), dem Kläger aber wird aufgegeben, noch eine bestimmte Frist[86]) aus-

[83]) Mon. H. III. 511. — Im Jahre 1441 erkennt das königl. Gericht: da Kläger nicht erschienen, so seien Verklagte „von solcher Heischung und Ladung wegen — dismal nicht pflichtig zu antworten“ (Chmel: Reg. Nr. 5). — Siehe auch das Urtheil von 1449 in den Mat. z. österr. Gesch. I. 297.

[84]) Mon. H. III. 528.

[85]) Chmel: Reg. Anhang Nr. 30, 41, 44, 46, 58, 84; Harpprecht I. 137, 201, 208, 212; Fontes rer. Aust. II. 363; Mon. Habs. II. 509; Lünig: R. A. XXII. 406; Senckenberg: K. h. G. 71 und sonst sehr häufig. — Bei Verfristungen: Rufen an jedem Gerichtstage: Reg. Nr. 46, Mat. z. österr. Gesch. I. 212, 229.

[86]) Chmel: Reg. Anhang Nr. 30: bis zu Ende des Kammergerichts und bis Kammerrichter und Rechtsprecher aufstünden, — Nr. 41: das Gericht ganz auswarten, — Nr. 42: bis zu Ende des Kg., ebenso Nr. 43, 44,

zuwarten, ob bis dahin Verklagter zur Verantwortung erscheinen würde oder nicht. Gleichzeitig ergeht der eventuelle Entscheid entweder in der Fassung: erscheine der Verklagte bis zum Ablauf der Frist oder erscheine er nicht, so solle geschehen, was Rechtens sei, oder in der: würde jemand kommen, um für den Verklagten zu antworten, so geschehe was Rechtens sei, — erscheine Niemand, so habe Kläger Klage und Anspruch behalten und erwonnen[87]). Häufig wird über die weitere Verhandlung nicht mehr berichtet, sondern in dem Urtheilsbriefe nur constatirt, dass bis zum Ablauf der bestimmten Frist der Verklagte sich zur Beantwortung der Klage nicht gemeldet habe[88]), — in den meisten Fällen aber wird der späteren Verhandlung allerdings gedacht[89]); Kläger erneuert seine Klage und das Gericht erkennt, — bald mit, bald ohne Anführung der die Verurtheilung wegen Ungehorsams rechtfertigenden Gründe[90]), — den Anträgen desselben entsprechend in der Hauptsache selbst[91]). Es kömmt also bei dem Ausbleiben

46, — Nr. 84: drei die nächsten Gerichte nach einander und am vierten erscheint Kläger wieder, — Senckenberg: de iudicio cam. 88: dies und die zwei nächsten Kammergerichte darnach, — Senckenberg: K. h. G. 71: drei gerichtstage die nächsten, — ebenso Harpprecht I. 212, M. H. II. 509, Fontes II. 363 und sonst sehr häufig, — Harppr. I. 208: sechs Tage, — das. III. 496: zehn die nächsten Kammergerichte nach einander kommend, — das. I. 201: bis zu einem im Urteil bestimmten Kalendertage.

87) Beispiele für beide Arten der Formulirung in den Note 91 erwähnten Urtheilbriefen.

88) So z. B. in dem Urtheil bei Chmel: Reg. Anh. Nr. 42 (L. H. hat also gewart bis —, aber O. ist nit komen noch nyeman von sinen wegen); ebenso Nr. 41, 43, 44.

89) So in den Urkunden bei Chmel Nr. 46, 84, — Harppr. I. 137, 209, 219, — Fontes l. c. 363 und in vielen anderen.

90) Wo eine Motivirung sich findet, ist sie sehr kurz: da Verkl. dreimal zu Recht geladen, dreimal gerufen, aber weder in dem letzten peremptorischen Termin noch an den späteren bewilligten Tagen erschienen, um den Kläger auf seine Klage zu antworten, so —. Vgl. z. B. Chmel Nr. 30, 46, Harppr. I. 209, III. 497, Mat. z. österr. Gesch. I. 212, 230 u. a. m.

91) Die Formulirung des Urtheils ist verschieden, z. B. dass Kläger ihre Ansprache und Forderung wohl und rechtlich behalten und erwonnen

des Verklagten immer zu einem Endurtheil, und nirgends tritt eine verschiedene Behandlung des Falles je nach dem Ungehorsam des Verklagten vor oder nach der Litiscontestation hervor. Auch die Gerichtsordnung von 1471 kennt einen solchen Unterschied nicht; würde, so bestimmt dieselbe § 13, der Antworter vor oder nach der Antwort ungehorsam, so sollen Richter und Urtheiler auf des Klägers Anrufen in der Sache mit Verhörung alles Fürbringens fortfahren und bis zum endlichen Urtheil procediren: laute das letztere zu Gunsten des Klägers, so soll man ihm den ungehorsamen Verklagten in die Gerichtskosten verurtheilen; — würde aber das Urtheil für den Antworter gesprochen, so sollte wegen der Kosten auch geschehen als sich im Rechte gebühre. Aber es ist einleuchtend, dass die G.O. eine grosse Aenderung in dem bisherigen Verfahren herbeiführen sollte[92]), indem fortan der Kläger beim Ausbleiben des Verklagten, wenn er dessen Verurtheilung herbeiführen wollte, die Klage zu rechtfertigen und die Klagethatsachen noch zu beweisen hatte. Dies war aber entschieden gegen die bisherige Praxis des Kammergerichts. Im Jahre 1442 wird vom Kammerrichter und den Urtheilern ausdrücklich anerkannt, dass, wenn Verklagter am dritten peremptorischen Rechtstage ausbleibe, Kläger die Klage nicht zu rechtfertigen habe[93]), und nie-

haben: Chmel Nr. 30, — seinen Spruch und Recht erstanden und erwonnen: das. Nr. 41, — behabt und erwonnen: das. Nr. 44, — behabt und erstanden: Lünig XXII, 406, — dass er Klage und Spruch, nach Inhalt der Ladung und wie sie vom Kläger im Gericht bestimmt worden, erwonnen und behabt: Mon. H. II. 512, Mat. I. 212, Senckenberg k. h. G. 71; — oder es wird das Urtheil genau dem Antrage des Klägers entsprechend formulirt: Harppr. I. 209; oder es heisst: der Kläger habe seine Klage erstanden, also dass Verkl. (dem wörtlich wiederholten Antrage des Klägers entsprechend) verurtheilt werde: das. I. 212, III. 498, Fontes II. 364 u. s. w.

[92]) Vgl. hierzu Hofgericht II. 230 ff.

[93]) Kläger wollen, nachdem der beharrliche Ungehorsam wider Verklagte bereits festgestellt worden, „klag und ansprach gantz und vollkommenlich fürgetragen haben“; das Gericht findet aber, dass dies beim Ausbleiben der Gegenpartei nicht nothdürftig sei. Chmel: Reg. Nr. 30 S. XLVIII.

mals ist in den uns so zahlreich erhaltenen Urtheilen davon die Rede, dass Kläger in diesem Falle die Klagethatsachen beweisen müsse, es tritt vielmehr unfraglich in Beziehung auf diese die poena confessi ein. Dieser Praxis soll auch eine von dem Kammerrichter Erzbischof Adolf von Mainz (also zwischen 1470 und 75) erlassene Ordonnanz entgegengetreten sein, welche bestimmt habe: das ein slechter ungehorsamer umb sein ungehorsamb sein haubtsach nit verlieren solt, sondern der cläger müsset sein clag weisen und dem antwurtter darczu verkünden[94]. Aber weder die Vorschriften der K.G.O., noch die der eben erwähnten Ordonnanz scheinen massgebend geworden zu sein für die Uebung des Gerichts; in einem Rechtsfalle von 1478 erklärt es der Prokurator des Fiskus im Gegentheil als unzweifelhaft Rechtens, dass beim Ausbleiben des Verklagten der Kläger die Klage nicht zu beweisen brauche, um die Verurtheilung des Gegners herbeizuführen[95].

Dem hier erörterten Falle, dass der Verklagte gar nicht erscheint[96], steht zunächst der ganz gleich, dass er zwar einen Vertreter entsendet, dieser aber nicht gehörig bevollmächtigt ist, namentlich wenn derselbe nicht zur Beantwortung der Klage Auftrag erhalten hat[97]. In dem einen wie in dem andern Falle versäumt der Verklagte die Antwort und wird deshalb dem Antrage des Klägers gemäss verurtheilt. Dasselbe geschieht aber auch, wenn er die Antwort verweigert, und eine Verweigerung nimmt das Gericht an: wenn der Verklagte sich im Gericht nicht andingen

[94]) Mon. Habs. II. 186.

[95]) Mon. Habsb. II. 507: wäre der Verklagte zugegen, „so gebüret im die clage zu beweisen, so er aber nit da were, wer nit not die clag zu beweisen." — Siehe auch den Rechtsfall von 1476 a. a. O. III. 572.

[96]) Echte Noth befreit von der Pflicht zum Erscheinen, muss aber gehörig bewiesen werden, was regelmässig durch einen Eid dessen, der sie vorschützt, geschieht: Senckenberg: de iud. cam. 86, Mat. z. österr. Gesch. I. 144, 45; letztere Urtheile und das bei Harpprecht I. 142 mitgetheilte zeigen, dass wegen bewiesener echter Noth Restitution gegen das verurtheilende Contumacialurtheil nachgesucht werden konnte.

[97]) Harppr. I. S. 209, Mat. z. österr. Gesch. I. 171, 345, Mon. Habsb. II. 183, Chmel Reg. I. Anh. Nr. 21 und 28.

will[98]), — wenn derselbe erklärt, auf die Klage nicht antworten zu können oder zu wollen[99]), — wenn er zwar eine Erklärung abgibt, aus dieser aber nicht ersichtlich ist, ob er den klägerischen Anspruch anerkenne oder nicht[100]), — endlich wenn der Verklagte sich weigert, seine Anführungen und Anträge zu Recht zu setzen und dadurch die Entscheidung des Gerichts herbeizuführen[101]).

Erscheinen aber die Parteien zur mündlichen Verhandlung, so haben sie sich zunächst im Recht anzudingen: was ausserhalb Rechtens von einer Partei vorgetragen wird, darf bei der Entscheidung nicht berücksichtigt werden[102]). Sodann beginnen Rede und Widerrede; zur Vermeidung von Verdunkelung einer Sache soll nach der K.G.O. von 1471 jede einzelne Sache erst zu dem der Lage entsprechenden rechtlichen Abschluss gebracht werden, ehe eine andere vorgenommen werden darf: nur wenn einer Partei Frist gegeben werde zum Bedenken oder zu irgend welchem Beibringen, dürfe eine andere Sache verhandelt werden.

Der Kläger beginnt die Verhandlung, indem er, mit Bezugnahme auf die in der Ladung enthaltene allgemeine Mittheilung

98) Siehe die eben erwähnten Urtheile von 1442 bei Chmel a. a. O. und Mat. I. 345.

99) Mon. H. II. 184, 87: Der Anwalt des Verkl., der sich angedingt und seine Rechtssätze gethan hatte, sei schuldig dem kläger „zu seiner klage, dieweil das gericht sitzt, im recht zu antworten; thue er das nit, so gestee derselb anwald — dem kläger — seiner clag und hab alsdann — der kläger — seine clag nach lautt der kaiserlichen ladung — behabt und erstanden". — Ein anderer Fall: Mon. Habsb. III. 573, 581.

100) Mon. H. II. 186, III. 578.

101) Senckenberg: de iud. cam. hod. 185 ff. 89.

102) Vgl. Reichshofgericht II. 183 und die das. angefürten Zeugnisse von 1451, 54 und 76, sowie die Berichte von 1442 bei Chmel: Reg. Nr. 21, 1451 in den Mat. I. 344, und 1465 bei Harpprecht I. 205. — Ueber Wiederholung des Andingens: Hofgericht 184 Note 2, womit auch zu vergl. Chmel: Reg. Nr. 30 und Mon. H. II. 148, III. 486. — Das Andingen Seitens des Klägers (oder Appellanten) erfolgt erst, nachdem die Ladung (oder Appellation) verlesen: Mon. H. II. 145, 182, III. 511, 17, 72, Fontes rerum Austr. II. 361. Der Verklagte muss sich, um zu antworten, sogleich andingen, wenn nicht die Folgen des Ungehorsams eintreten sollen.

der Klage, die letztere wiederholt, die Klagethatsachen ergänzt oder näher begründet [103]). Er schliesst seinen Vortrag mit der Klagbitte, das heisst: er begehrt nur allgemein, ihm Recht zu gewähren [104]), oder er stellt einen bestimmt formulirten Antrag: ihm mit Urtheil zu erkennen, dass — —, ihm mit Recht zu erkennen, ob er nicht — — [105]), u. a. m.

Auf diesen Vortrag antwortet der Verklagte, lässt dawider reden oder dawider fürbringen [106]). Diese Antwort aber ist nicht immer zugleich eine Beantwortung der Klage [107]), sondern jede Erklärung auf den Vortrag wird als Antwort bezeichnet, obgleich man sich bewusst ist, dass „die Antwort auf die Klage" verschieden ist von anderem „Fürbringen wider die Ladung [108]).

Die Erklärung des Verklagten kann aber bestehen entweder: in dem Zugeständniss der den Klageantrag rechtfertigenden Thatsachen [109]) — oder in dem Gebrauch einer, die Einlassung auf die

[103]) Es heisst vom Kläger schlechthin: er klage also, rede, lasse fürbringen oder klagweise fürbringen, er führe oder thue klage, er habe seine klage eröffnet, er habe geklagt und seinen spruch eröffnet, und dergl. mehr: Reg. Nr. 41, 42, 43, 46, 48, 52, 54, 57, 84, Harppr. I. 146, 71, 212, 58 und andere Stellen mehr.

[104]) Z. B. Reg. Nr. 30, 84.

[105]) Reg. Nr. 41, 43, 46, 48, 54, Mon. H. II. 182, Senckenberg: de iud. cam. hod. 88.

[106]) So heisst es im Allgemeinen vom Verklagten: Reg. Nr. 48, 49, 54, 55, Harpprecht I. 142, 46, 56, 71. In der K. G. O. und in Urtheilen wird der Verkl. nur als „Antworter" bezeichnet (z. B. Mon. H. II. 186, III. 578). Aber auch für die Repliken und weitere Reden kömmt der Ausdruck: Antwort vor (z. B. Reg. Nr. 55).

[107]) Siehe z. B. Reg. Nr. 48: Verklagte antworten, sie hätten der Klägerin nicht um ihre Klage zu antworten, weil —. Vergl. auch Harpprecht I. 176.

[108]) Vgl. den Rechtsfall von 1476 in den Mon. H. III. 472 ff. Es wird zu Recht erkannt: wollten die Anwälte des Verklagten ferner etwas fürbringen wider die verlesene Ladung, das solle gehört werden und darauf geschehen, was Recht ist; brächten sie aber nichts für, so seien sie schuldig, dem Kläger zu seiner Klage im Recht zu antworten.

[109]) Vgl. das Erkenntniss von 1444 in den Reg. Anh. Nr. 55: — — wann die — dawider nicht geredt — und auch bekennet han, das — —, das dann die schuldig —. — In einem Falle von 1465 erklären die Ver-

Klage ausschliessenden dilatorischen[110]) oder prozesshindernden Einrede[111]), — oder endlich in einer solchen Beantwortung der Klage selbst, welche die Streitabsicht deutlich erkennen lässt und einen Widerspruch gegen die Klagbitte in sich schliesst. Eine besondere Gegenbitte brauchte der Verklagte nicht auszusprechen, doch wird nicht selten ein solches Ersuchen an den Richter gestellt; der Verklagte beantragt z. B. auf Grund dessen, was er gegen die Klagbitte vorgebracht, ihn der Klage ledig zu sagen[112]), oder er getraue, es sollte dem Antrage des Klägers nicht stattgegeben werden[113]).

Erinnert man sich hierbei, in welcher Gestalt und Verbindung nach dem späteren römischen und kanonischen Recht, sowie nach der Praxis des Mittelalters die Litiscontestation zu geschehen pflegte, so liegt nichts näher, als die eben erwähnten beiderseitigen Parteihandlungen als Akt der Litiscontestation aufzufassen. Gewiss

klagten auf Klage des Fiskals: sie wollten mit ihm — als dem Vertreter des Königs nicht rechten, sondern sofort dem Anspruche desselben Genüge leisten, und bitten deshalb, sie der Klage ledig zu sagen; diesem Ansuchen wird entsprochen: Harppr. I. 207.

[110]) Von Einreden dieser Art werden z. B. gebraucht: die Exceptio fori incompetentis: das Kammergericht sei für die streitige Sache resp. die streitenden Parteien nicht zuständig (Reg. Nr. 52, 56, Harppr. I. 154, 172), — exc. litis alibi pendentis (Reg. Nr. 52), — das Gericht sei nicht gehörig, z. B. nicht mit Genossen des Verkl., besetzt, Richter oder Urtheiler der Partei verdächtig und dgl. mehr (Mater. z. öst. Gesch. I. 168, 69, Harppr. I. 140 ff., de iudicio cam. hod. 179 ff.), — das Gericht werde nicht an billiger Statt gehalten, weshalb Verkl. die Klage nicht zu verantworten habe (Mater. a. a. O.), — Verkl. sei nicht geladen, als zu Recht hätte geschehen müssen (Mat. I. 343, Harppr. I. 204), — Verkl. brauchten die Klage nicht zu beantworten, wenn der Anwalt des Klägers nicht auch Vollmacht habe, ihnen auf ihre Gegenklage zu antworten (Reg. Nr. 21), u. a. m. Einreden, um die Antwort auf die Appellation abzulehnen, bei Harpprecht I. 173 ff.

[111]) Hierüber siehe namentlich das interessante Urtheil von 1476 in den Mon. H. III. 572—81, aber auch Reg. Nr. 48, Mater. zur österr. Gesch. I. 144, 5.

[112]) Z. B. Mon. H. III. 517, Chmel: Reg. Nr. 18.

[113]) Harpprecht I. 207.

ist, dass im regelmässigen Verfahren — wenn der Verklagte zur Beantwortung der Klage erschien — der Vortrag der Klage und Klagbitte Seitens des Klägers die unumgängliche Voraussetzung für den Beginn und die Fortsetzung des Prozesses bildete; — gewiss auch, dass der Verklagte, wenn er das Klagerecht nicht zugestand oder keine die Zulässigkeit des Verfahrens ausschliessende Einrede geltend machen konnte, mit einem Einspruch gegen das Klagerecht antworten musste. Ob man sich aber, indem man diese Handlungen als Grundlage für das weitere Verfahren erforderte, bewusster Weise von den Anschauungen des fremden Rechts über die Nothwendigkeit, die Bedeutung und das Wesen der Litiscontestation leiten liess, ist mit Sicherheit nicht zu erkennen. Das freilich ist klar, dass durch die vorher erwähnten Parteihandlungen der Zweck erreicht wird, welchen die Litiscontestation im römischen und kanonischen Prozess erzielen soll; niemals aber wird erwähnt, dass die Parteien sie vorgenommen, um dadurch die Litiscontestation zu vollziehen. Ferner: niemals wird der letzteren als eines besondern Aktes, vorzunehmen etwa mit bestimmten Worten, — niemals des aus dem fremden Recht bekannten, dabei erforderten generellen Calumnieneides gedacht; — nirgends ist von einer Litiscontestation Seitens beider Parteien die Rede, namentlich nicht davon, dass auch der Kläger dieselbe vorzunehmen habe oder vorgenommen hätte. Endlich: soweit ich sehen kann, wird in den Quellen für den Prozess des Kammergerichts in dieser Zeit überhaupt nur zweimal der Litiscontestation ausdrücklich erwähnt: in der oft erwähnten K.G.O. von 1471 und in einem Urtheile von 1476; in beiden Fällen aber wird nur von der Litiscontestation Seitens des Verklagten gesprochen und das Wesen derselben in der Antwort auf die Klage gefunden [114]). Weiteres lässt sich auch über diese rechtsgeschichtlich so interessante Frage nicht ermitteln.

[114]) Die Stellen aus der K. G. O. siehe oben S. 21 Note 82, und das im Text erwähnte Urtheil Mon. H. III. S. 572—81: die wichtigeren hier in Betracht kommenden Stellen desselben sind in der folgenden Zusammenstellung der Erkenntnisse des Kg. mitgetheilt.

Auf die Antwort des Verklagten kann im geeigneten Falle sofort das Endurtheil erfolgen [115]. In andern Fällen schliessen sich an jene weitere mündliche Verhandlungen vor versammeltem Gericht, welche den Zweck haben, die Anträge der Parteien zu rechtfertigen: theils rechtliche Ausführungen, zumeist aber Erörterungen über die thatsächlichen Anführungen, um dem Gericht ein Urtheil über die Zulässigkeit und Relevanz derselben und die Nothwendigkeit und Regelung des Beweises zu ermöglichen. Dabei geschieht es wohl, dass das Angriffs- und Vertheidigungsmaterial in Artikel gegliedert wird und die Parteien sich über die einzelnen Artikel äussern [116], aber von allgemeiner Anwendung der Positionen und Responsionen, insbesondere von der Pflicht, eine wörtlich entsprechende Antwort auf die gegnerische Anführung zu ertheilen, ist nicht die Rede; aber bestimmt soll die Antwort sein, sie soll ein Ja oder Nein enthalten [117].

Die Partei kann mit ihrer Behauptung sofort den Beweis derselben verbinden, doch geschieht dies, soweit ich gesehen habe, nur beim Urkundenbeweise: die Partei legt die Urkunde vor, lässt dieselbe besichtigen und lesen und trägt vor, welche Thatsachen sich aus derselben als wahr ergeben [118]. Die Regel aber ist, dass sich die Partei zum Beweise erbietet: der sofortigen Bezeichnung der Beweismittel bedarf es dabei nicht [119]. Ueber dieses Erbieten wird der Gegner gehört und kann seinerseits beantragen, den Probanten zur Weisung nicht zu verstatten [120]. Darüber hat dann das Ge-

[115]) Siehe z. B. Regesten Anhang Nr. 49 und 52.

[116]) Vgl. z. B. die Urtheile bei Senckenberg: de iudicio cam. hod. 139—90 und in den Mon. H. III. 479—502.

[117]) Dartzu wer auch ein yeder antwortter schuldig, zu einer klag Ja oder Nein zu sprechen: Mon. H. 578; ähnlich daselbst II. 186.

[118]) Harppr. I. 135, 141, 48, 76 ff., III. 471, de iud. cam. hod. 86, 144. Chmel: Reg. Nr. 4, 7, 10, 14, 18, 41 u. a. m.

[119]) Die Partei erklärt nur: sie erbiete sich, solches zu weisen als zu Recht genug sei; Harpprecht I. 228, 51, 68.

[120]) Z. B. So getraut er, — das der widerteil — zu keiner weisung solt zugelassen werden. Harppr. I. 270.

richt zu erkennen und legt, wenn es den Beweis für nothwendig und zulässig erachtet, einer oder beiden Parteien die Weisung auf[121]) durch das Beweisurtheil; z. B. 1442: durch Urtheil ertheilt, möchten die — schwören und befestenen mit iren eyden als recht ist, das — —, das dann darnach zwischen inen beschehen solt, das recht were[122]); — 1444: also ward mit gemeiner einheliger urteil erteilt und zu recht gesprochen, möchte der gancze rat zu M. geschwören zu got und den heiligen, das — —, das sy dann von — solicher ansprach ledig sein solten: wolten sy aber solich aid nit tun, so solt furter hierynne beschehen, was recht ist[123]); — 1444: durch den merern teil der rechtsprecher erteilt, möcht H. F. mit seinem aid gesweren, das —, so solt darnach beschehen, das recht ist: möcht er des nit gesweren, so solt aber bescheen, das recht were[124]); — 1472: zu recht erkannt, möge oder wolle der — die gewere, durch seinen anwalt in gericht angezogen, weisen des zu recht genug sey, das solle gehört und er darzu gelassen werden[125]); — 1473: zu recht erkannt, nachdem sich des — anwalt zu einer weisung, nemlich das —, erboten hat, möge oder wolle dann — der anwalt — schwören: das er solches erbieten nit geverlich noch zu verlengerung der sachen, sondern zu nothdurft seiner partei getan, so — solle er zu solcher weisung zugelassen und die gehört werden, den — gegnern — ire einrede dagegen vorbehalten: und er tue die also oder nicht, das darnach ferner beschehen sol, was recht ist[126]); — 1474: möge oder wolle der

[121]) Beweis auflegen — wird in der späteren Zeit ein technischer Ausdruck: Mon. H. III. 480.

[122]) Reg. Anh. Nr. 28; — noch allgemeiner heisst es in einem andern Urtheil von 1442 das. Nr. 25: bringt der — für als zu recht genug ist —, dass —, dass danach geschehe w. r. ist, — und 1450: weyse der — als zu recht genug ist, das — —, so geschehe ferner was r. sei, täte er aber das nicht, so geschehe danach aber w. r. ist. (Mater. zur österr. Geschichte I. 343.)

[123]) A. a. O. Nr. 48.

[124]) A. a. O. Nr. 54.

[125]) Harpprecht I. 228, 51.

[126]) Harpprecht I. 270.

— weisen des zu recht genug sei, das —, so solle das gehört werden, dem — Gegner — sein einrede dagegen zu thun vorbehalten: und er thue und vollführe solche weisung also oder nicht, das darnach u. s. w. [127]).

Das Beweisurtheil setzt also fest, wer zu beweisen habe und was bewiesen werden soll, bestimmt aber nicht immer, durch welche Beweismittel es zu geschehen habe. Zur Ausführung dieses Urtheils muss dann weitere Anordnung getroffen, auch die Beweisfrist bestimmt werden; dies geschieht wieder mit Urtheil und Recht [128]). Es kömmt vor, dass die Beweisaufnahme sofort und vor versammeltem Gericht geschieht, z. B. die Ableistung des Eides [129]); in den meisten Fällen aber erfolgt sie vor Commissarien, und zwar nicht nur, wenn es sich um Vernehmung von Zeugen, Vorlage von umfangreichem Urkundenmaterial [130]) handelt, sondern selbst dann, wenn nur die Ableistung eines Eides gefordert ist [131]). Ueber das Verfahren bei der Produktion der Beweismittel, insbesondere bei der Vernehmung von Zeugen, geben einzelne uns erhaltene Aktenstücke belehrende Auskunft [132]).

Ist der Beweis geführt worden — bei commissarischer Er-

[127]) Mon. Habsb. III. 519.

[128]) Harppr. I. 228, Mon. Boica VII. 208, Mon. Habsb. III, 519, Mat. zur österr. Gesch. I. 145, 146, 344. Diese Urkunden zeigen zugleich, dass die Beweisfrist je nach den Umständen verschieden bestimmt wurde.

[129]) Z. B. Reg. Nr. 54: solichen aid swur H. F. als im ertailt ward; — ebenso Mat. z. österr. Gesch. II. 176.

[130]) Siehe z. B. Harppr. I. 147, I. 228, Mon. Boica VII. 206, Mon. Habsb. III. 480, III. 519.

[131]) Beispiele bei Chmel: Reg. Nr. 28 (soliche eyde hetten ouch alle die — getan und volfürt, — weysten und zeigten des urkund und geczeugnuss unter der —, den wir bevolhen hetten, solich eyd einzunemen, — brief und insigl) und Nr. 48 (das sy solich ayd tun und volfüren sollen in gegenwertigkeit des —, der in nach diser urteil von unsern wegen die ayd geben und, wie sy die gesworen und volfürt haben oder nit, uns das zuschreiben sol under seinem besigelten brief). — Vgl. auch Harppr. I. 215 a. E.

[132]) Vgl. namentlich das Aktenstück von 1472 bei Harpprecht I. 225—248.

hebung nach Eingang der Akten — so findet eine abermalige, oft sich auf mehrere Termine erstreckende mündliche Verhandlung statt, in welcher der Probat seine vorbehaltenen Einreden ausführen und das gesammte Resultat der Beweisführung oder einzelne Akte und Modalitäten derselben anfechten kann, während der Probant darauf das Geeignete zu erwidern hat[133]). In wichtigeren und umfangreicheren Sachen wird hierüber ein Schriftwechsel gestattet, an den sich dann noch eine mündliche Erläuterung schliesst[134]). Auch Rechtsausführungen sind bei dieser Schlussverhandlung noch zulässig.

„Nach Klage, Antwort, Rede, Widerrede, verhörter Weisung und aller fürgewandter Handlung“ [135]) erfolgt schliesslich das Endurtheil. Ist dasselbe condemnatorisch, so wiederholt die Sentenz den Antrag des Klägers[136]); die Formel: der letztere habe seine Klage erstanden, findet sich nur, wenn die Verurtheilung wegen Ungehorsams des Verklagten erfolgte[137]); wird auf Schadenersatz erkannt, so kann der Richter im Urtheil die Feststellung der Condemnationssumme von Ableistung eines Eides Seitens des Klägers

[133]) Sehr belehrend über das Verfahren in diesem Termin und viele Einzelnheiten ist der Bericht in den Mon. Habsb. III. 483 ff., siehe auch Reg. Nr. 28, 48, Harppr. I. 253, Mon. H. III. 520.

[134]) Vgl. Mon. H. III. 482, 85, 519.

[135]) Ein solcher Hinweis auf die gesammten Vorverhandlungen findet sich fast regelmässig, aber nach Lage der Sache in verschiedener Fassung; z. B. nach Rede und Einrede: Harppr. I. 172, — nach beider Theil Red und Widerrede: de iudicio cam. hod. 142, — auf beider Theile Fürbringen und Rechtssätze: Harppr. I. 189, 99, — nach aller fürgewandten Handlung: das. 274, Mon. H. II. 156, 85, — nach Klage, Antwort, Rede, Widerrede und allem Fürbringen: Harppr. 208, Reg. Nr. 52, — nach Klage u. s. w., Verhörung und Besichtigung der Urkunden, verhörter Weisung, verlesener Weisung, nach aller Handlung in Gericht geschehen: Reg. Nr. 7, Nr. 46, Harrpr. I. 253 und III. 520, — auch noch mit dem Zusatz: den erkannten ergangenen Urteilen und allem Herkommen der Sache nach: de iud. cam. hod. 189, — und dergl. mehr.

[136]) Z. B. Reg. Anh. Nr. 55, Harppr. I. 149.

[137]) Solche Fälle betreffen z. B. die Urtheile: de iud. cam. hod. 189, Mon. H. II. 187 und 509, sowie das. III. 581.

abhängig machen[138]). Geht das Urtheil auf Freisprechung des Verklagten, so wiederholt dasselbe den Antrag des letzteren[139]) oder es spricht ihn der Klage, der Forderung des Klägers ledig[140]); Freisprechung von der Ladung erfolgt unter gewissen Voraussetzungen nur beim Ungehorsam des Klägers[141]). Dass das Urtheil auch theils Freisprechung, theils Verurtheilung enthalten kann[142]) und dass das Gericht, wenn es auch im Allgemeinen nach den Anträgen der Parteien erkennt, dieselben doch modificiren[143]) oder die Entscheidung über einzelne Punkte vorbehalten[144]) darf, braucht nicht bemerkt zu werden. Entscheidungsgründe werden im Urtheil überhaupt nicht oder nur ganz kurz angegeben[145]); rechtlicher Ausführungen enthält sich das Gericht immer[146]).

[138]) Urtheil von 1442 bei Chmel: Reg. Nr. 21: — was und wieviel ein jeglicher für seinen schaden, der im beschehen sei, mit seinem und zweier unversprochen man eide behalte, das sollen — die — inen bezalen und bekeren. — Urtheil von 1449 bei Harppr. III. 499. Diether von J. hat die Bürger von Gellenhausen vor fremde Gerichte geladen und ihnen dadurch Schaden und Kosten verursacht; es wird zu Recht gesprochen: was drei des Raths zu G. — bestäten mögen, dass sie des schaden gehabt —, den soll inen D. v. J. bezahlen. — Urtheil von 1474 in den Mon. Habsb. III. 520. Der Bischof von Bamberg hat gegen H. Wolfskele wegen Injurien geklagt; es wird zu Recht erkannt: wolle oder möge der von B. einen eyde sweren, daz er fur solich solich smahe — seins eigen guts lieber 2000 gulden schedens gelitten und empfangen hette wollen, so soll Verkl. ihm diese Summe zahlen. — Ein anderes Beispiel aus dieser Zeit bietet das Wirzburgische Urtheil bei Harpprecht I. 173.

[139]) Siehe z. B. Reg. Nr. 49.

[140]) Harpprecht I. 274: von der klag, so der — gegen in getan hatt, mit Urtheil und Recht entledigt; — Mon. H. III. 502: von den penen und pussen — in der — clag bestympt — mit urteil und recht absolvirt und entlediget.

[141]) Siehe z. B. Mon. H. III. 512, 529.

[142]) Ein Beispiel Mon. H. III. 502.

[143]) Vgl. z. B. Schoepflin: hist. Z.-B. VI. 341.

[144]) Z. B. Chmel: Reg. Nr. 7, 14, 21, 25.

[145]) Harppr. I. 149: da Kläger genug bewiesen haben, dass —, also werde erkannt; — Reg. Nr. 55: da Verklagte nicht widersprochen, dass —, dann dieselben schuldig —; siehe auch Reg. Nr. 4, 7, 10, 14, 21.

[146]) Insbesondere sei erwähnt, dass ich in keinem einzigen Urtheil des Kg. bei der Entscheidung einen direkten Hinweis auf das fremde Recht ge-

Ist das Urtheil condemnatorisch, so enthält dasselbe meist, aber nicht immer eine Bestimmung darüber, innerhalb welcher Frist der Verklagte zahlen, den Kläger wieder einsetzen, ihm Ausrichtung thun, allgemeiner: dem Urtheil nachkommen soll. Herkömmlich betrug die Frist sechs Wochen und drei Tage nach Insinuation des Urtheils oder des speciellen königlichen Gebots, durch welches in der Regel der Verklagte angewiesen wurde, dem Urtheil Genüge zu leisten; aber auch andere Zeitbestimmungen kamen vor[147]). Der Anweisung an den Verklagten, zu dociren, dass er dem Befehl nachgekommen, geschieht nicht Erwähnung; dagegen wird der Verklagte in dem Executoriale für den Fall des Ungehorsams mit einer fiskalischen Geldstrafe oder der Reichsacht bedroht[148]).

funden habe. Aber auch in den Ausführungen der Prokuratoren bemerke ich nie die wörtliche Anführung eines Satzes des römischen oder kanon. Rechts, nie ein Quellencitat, und nur ein einziges Mal heisst es: sie hätten Stellen des beschriebenen Rechts „allegirt". Sehr häufig gewinnt man überhaupt bei Durchsicht der umfangreichen und zum Theil recht wüsten Verhandlungen den Eindruck, als gründete sich die ganze Wissenschaft der Gelehrten mehr auf Bekanntschaft mit der populären Literatur als auf Kenntniss der Quellen des fremden Rechts.

147) Reg. Nr. 30: Verklagte sollen den Klägern Wandel und Bekerung thun in solcher Zeit nach des Reichs Recht und Herkommen, — Nr. 41: sie sollen zahlen in den naechsten 6 W. und 3 Tag. nachdem ihnen der Gebotbrief darum verkündet oder geantwortet würde, — Nr. 44: Verkl. soll den Kläger in die Gewere der Güter setzen, ihm auch Bekerung wegen der Nutzungen thun in den naechsten 6 W. u. 3 T., nachdem ihm das durch des Königs Gebot und Briefe verkündet würde, — Nr. 46: ebenso, — Nr. 55: nach Datum dieses Briefes (d. h. des Urtheils), — de iudicio cam. hod. 72: gebieten euch —, daz ir solicher urteil nachkomet und nach inhalt der urteil usrichtung tuet in den nechsten 6 W. und 3 T. nach angesicht dieses briefs; — das. 89: mit urteil erteilt — das sy im sölt bezalen in — nach dem tag, da in unser gebotbrief darumb geantwurt würde; — vgl. auch Mater. zur österr. Gesch. I. 144, 70, Harpprecht I. 151, 173 u. a. m. — Längere und kürzere Fristen in dem Urtheil bei Harppr. III. 498.

148) Harpprecht I. 151, — Mon. Habsburg. III. 582. Ausser den Gebotsbriefen — siehe oben S. 14 — an den Verkl. ergeht dann noch häufig gleich nach dem Urtheil ein Befehl an vom Kläger bezeichnete Fürsten u. s. w., diesem zur Vollstreckung des Spruchs behilflich zu sein: de iudicio camerali hod. S. 91, — Harpprecht I. 152 ff.,

In dem Endurtheil, nicht früher[149]), soll auch über die Kosten entschieden werden. Schon am Reichshofgericht war anerkannt, dass die unterliegende Partei dieselben zu tragen und resp. dem Gegner zu erstatten habe[150]). Am Kammergericht verhielt sich die Sache so, dass der Kläger im Anfange des Rechtens bestimmte, nach Höhe des Klageobjekts verschiedene Sporteln zahlen musste, und solche sollte „die Partei, die in die Kosten nach der entlichen Urteil geteilet wird, der behaltenden Partei widergeben und ausrichten“[151]). Ueber die Tragung der Kosten im Allgemeinen — das „Theilen in die Kosten“ der K.G.O. — enthalten nun die Urtheile eine Entscheidung nicht, wohl aber über die Pflicht des Unterliegenden zum Ersatz der Kosten an die Gegenpartei: durch Entscheidung hierüber war ja allerdings auch ausgesprochen, wer die Kosten überhaupt zu tragen habe, und es blieb nun dem Kammerfiskal überlassen, auf Grund dessen für die Einziehung der noch nicht bezahlten Gerichtskosten Sorge zu tragen[152]). Die Entscheidung über den Ersatz der Kosten geht regelmässig dahin, dass der Unterliegende dem Gegner „kosten und schaden: solcher ladung halber, oder: in der sache, oder: solcher appellation halber empfangen und erlitten, nach messigung des gerichts abzulegen und zu bezahlen schuldig sei“[153]). Die obsiegende Partei begehrt sofort nach Publikation des Urtheils, dass der Gegner zur Mässigung der Kosten zu laden sei und das Gericht erkennt, dass diesem Antrage stattzugeben. Die Citation erfolgt unter Mittheilung des

214, — Archiv für Kunde österreich. Geschichtsquellen XI. 157, — Chmel: Reg. Nr. 11, Nr. 4183, — Senckenberg: von der k. h. G. S. 72—76, — Fontes rer. Austr. II. 364. — Für Ausführung der Acht werden ebenfalls Helfer ernannt, z. B. Mon. Habsb. II. 375—9, Lacomblet IV. S. 379.

149) Vgl. das Urtheil von 1451 bei Harpprecht I. 157.

150) Sententiae Curiae Regiae Nr. CCCXXXIV.

151) K. G. O. von 1471 §§ 17, 18. — Ueber die behauptete Freiheit des Fiskus vgl. das Urtheil bei Harpprecht I. 274.

152) Reichshofgericht II. 176 ff.

153) Harpprecht I. 275, Mon. Habsb. II. 157, 187, III. 512, 20, 29, Senckenberg: k. h. G. S. 71.

decisiven Theils des Urtheils dahin: heischen und laden wir dich, ernstlich gebietende, das du auf den — tag — erscheinest, zu sehen und zu hören auf des — anrufen und begeren solich ir costen und scheden mit recht zu messigen und taxiren und ob du einich redlich einrede dagegen zu haben vermeintest, die alsdann zu thun und fürzubringen, wie recht ist[154]). Wie es dann bei der Mässigung der Kosten gehalten wurde, ist nicht bekannt; in dem einzigen hierher gehörigen Falle erfolgt die Feststellung des Betrages, ohne Einspruch des Unterliegenden, durch Ableistung eines vom Gericht normirten Eides Seitens der obsiegenden Partei[155]).

Nicht nur im Wege der Klage, sondern auch durch Berufung kann ein Rechtsstreit der Entscheidung durch das Kammergericht unterbreitet werden. Das weitaus am häufigsten gebrauchte Rechtsmittel[156]) ist die Appellation, welche, soweit sich nicht abweichende

[154]) Siehe solche citationes pro expensis in den Mon. Habsb. II. 157, III. 512, 29. — In einem Falle von 1474 — Mon. Habsb. III. 520 — wird der Mässigung so gedacht, als hätte sie, ohne nochmalige Ladung des unterliegenden Theils, sofort nach Verkündigung des Endurtheils stattgefunden.

[155]) Zu recht erkannt, möge und wolle er schwören einen eyd zu gott und den heiligen, das er in der obebestimten sachen 500 G. rheinisch costen und scheden darob gelitten und empfangen habe, das ime dann solch summ gelts alle von dem — ausgericht und bezalt werden sollen in sovil zeit als des reichs recht ist. Denselben eyd hat der — durch — seinen anwalt, auf einen genugsamen gewalt deshalben in gericht gelegt, offenlich in gericht volfürt als ime mit recht zu thunde erkannt ist. Mon. Habsb. III. 520.

[156]) Entscheidungen des Kg. auf erfolgte Appellation finden sich seit 1441 sehr häufig, von dem Gebrauch anderer Rechtsmittel ist nur ganz vereinzelt die Rede: Chmel: Reg. Nr. 24 und 42 (Leuterung? oder nicht vielmehr Supplikation?); — Mon. Habsb. II. 154—56 (Nichtigkeitsbeschwerde, cumulirt mit der Appellation); — dagegen wird die Nichtigkeit des Urtheils in der Appellationsbeschwerde incidenter geltend gemacht in zwei Fällen von 1447 und 51 bei Harpprecht I. 134—40 und 153 ff.; — Restitution gegen ein condemnatorisches Endurtheil a. a. O. I. 140—44; — Restitution und beziehungsweise Anfechtung eines angeblich nichtigen Erkenntnisses bei Vertheidigung gegen die auf das letztere gegründete actio iudicati: de iudicio cam. hod. 139 ff.; — Restitution wegen entschuld-

Gewohnheiten ausbildeten, nach den Grundsätzen des römischen und kanonischen Rechts behandelt wurde [157]). Ueber die Zulässig-

barer Abwesenheit: Mat. z. österr. Geschichte I. 144, 45. – Die Bestätigung von Urtheilen eines niederen Gerichts durch den König kann auch nachgesucht werden, wenn von keiner Seite eine Beschwerde erhoben ist; z. B. Riedel: cod. dipl. Brandenb. III. 2, Nr. 72 und 75. — Ist eine Rechtssache vor einem Commissarius des königl. Gerichts entschieden worden, so kann die App. in dem betreffenden Commissorium ausdrücklich ausgeschlossen sein (z. B. Mon. Habsb. III. 546), sonst ist dagegen Berufung an den König gestattet (z. B. Reg. 757, 961, 1552, 1873), es kann auch von der nicht beschwerten Partei königl. Confirmation aus praktischen Zwecken nachgesucht werden (z. B. Lacomblet IV. 303). — Gegen Urtheile des Kammergerichts selbst ist Berufung an den König zulässig. So 1442: als ir von dem urteil — vor unserm kamergericht — erteilt — fur unser kgl. Maj. als beschwert geappelliert hand und beruft, solich appellation wir auch an uns genomen — und die sachen mitsampt unsern raeten und der rechte gelerten — durchsehen — haben — und wir können anders nicht erfinden, denn daz dieselb urteil — gerecht sye (de iudicio cam. hod. 71); ferner 1443: Reg. Nr. 42 (siehe vorstehend); — 1449: so appelliren und berufen wir uns (von dem am Kammergericht gesprochenen Urtheil) — an unsern gnädigsten herren — den römischen König oder wohin und an wen wir von recht oder gewohnheit appelliren und uns berufen mögen (de iud. cam. hod. 118—29). — Von Entscheidungen und Verfügungen, die der König selbst angeordnet hat, berufen sich die Parteien: 1443 an seine kgl. Maj. und die samnung gemainlichen des hailigen römischen reichs semptlichen (!), und 1450: wider an sin kgl. gnade, als die nit folkomnlich unser gerechtigkeit underwyset ist, und an unsere gnedige herren die kurfürsten (Harppr. I. 132, de iud. cam. hod. 137).

[157]) Dies wird nicht nur von den Parteien, sondern vom König selbst anerkannt. Im Jahre 1456 beantragt eine Partei die Verwerfung der vom Gegner eingewandten Appellation, weil sie nicht geschehen zu rechter Zeit „als sich gebühre nach päpstlichen und kaiserl. rechten, die da unterscheidt geben, wie man sol appelliren: nemlich in zehen tagen nach eyner urteil und sol die app. in dreyssig tagen nach der urteil usgang verkündet werden“; Appellant behauptet, dass die Fristen gewahrt seien und das Gericht ordnet Beweisaufnahme darüber an (Mater. z. österr. Gesch. II. 107). Und im Jahre 1474 trifft Friedrich III. eine Satzung über das Appelliren von den Gerichten der Stadt Köln, in welcher bestimmt wird: die Gerichte brauchten keine App. zu berücksichtigen, welche vor dem endlichen Urtheil interponirt werde, wenn und soweit „die gesetze des gemeinen beschriebenen rechts, die wir auch hierinnen inserirt wollen haben“, die App. in solchen Fällen nicht gestatteten (Regesten Nr. 6831).

keit derselben in subjektiver [158]) und objektiver [159]) Beziehung erfahren wir aus den Urtheilen nichts Näheres. Die Interposition konnte beim Unterrichter durch eine schriftliche oder mündliche Erklärung geschehen; in Betreff der Interlokute wird es aber schon 1455 als Gewohnheit des Kammergerichts bezeichnet, dass der Appellant schriftlich das Rechtsmittel zu interponiren habe [160]).

[158]) Nicht nur die Parteien, sondern auch dritte Personen, die am Ausgange des Prozesses Interesse haben, können appelliren: Reg. Nr. 91, Harpprecht I. 128 ff.

[159]) Die Geringfügigkeit des Objekts hinderte die Appellation nicht, doch bestrebte man sich, durch kgl. Privilegien die App. bei Rechtssachen unter einem gewissen Werth auszuschliessen, wie z. B. für Memmingen das Appelliren von Urtheilen des Stadtgerichts verboten wurde, wenn der Werth nicht fünf (?) Gulden überstieg: Reg. Nr. 8813. — Anderswo suchte man das missbräuchliche App. an das Kg. dadurch zu beschränken, dass die appellirende Partei einen Calumnieneid leisten musste; in Köln z. B. hatte der Appellant vor Bürgermeister und Rath zu schwören: dass er die App. nicht gefährlich und zur Verlängerung der Sache, sondern zu Nothdurft seiner Gerechtigkeit vornehme, dieselbe in vier Monaten beim Kg. anhängig machen, Ladung darauf erwerben und dem Gegner verkünden wolle; auch soll Appellant Caution leisten für den Fall des Unterliegens nach der Stadt Gesetze. Erfüllt der Appellant nicht alle diese Bedingungen, so soll die App. für abgethan gelten und das angegriffene Urtheil ausgeführt werden dürfen; überhaupt soll das Verfahren am Untergericht nicht schon durch die Interposition, auch nicht einmal durch königliche Inhibition, sondern erst dadurch suspendirt werden, dass der Appellant dem Unterrichter nachweist, dass das Kg. die Ladung des Appellaten verfügt habe. (Letztere Bestimmung ist ohne Frage eine durch das Privilegium begründete Singularität für Köln.) Reg. Nr. 6831. — Ein iuramentum appellatorium wurde auch gefordert in Nördlingen, Nürnberg u. s. w.: Reg. Nr. 3973, 4083.

[160]) Harpprecht I. 198. — Beachtenswerth ist auch die Deduction in einem Appellationsinstrument von 1443 a. a. O. I. 130: es sei gemeines kaiserliches und päpstliches Recht, dass wenn sich jemand von einer Beschwerung oder einem einfallenden Urtheil berufe, so soll er „eine oder mer ursache der beschwerung setzen, warum er sich berufe, und der richter der appellation sol die beschwerung oder was vor oder nach der appellation in der sache geschehen ist, nicht abthun noch abzuthun gebieten, es sei denn, dass solcher der appellirt hat, die ursache seiner appellation vor aufrecht mache als recht ist; über solches alles noch nicht zehen tage vergangen (sein dürfen)“. Es sind offenbar die Bestimmungen des fremden Rechts über das Appelliren von Interlokuten und extra judicium gemeint.

Dass die Interposition auch bei dem Oberrichter geschehen durfte, schliesse ich daraus, dass es in den Urkunden sehr oft heisst, eine Partei habe sich als beschwert an den König berufen und appellirt, ohne dass von einer vorhergehenden Anzeige beim Unterrichter die Rede wäre[161]). Unbedingt gestattet war es, die Appellation vor Notar und Zeugen zu interponiren[162]). Ueber die Wirkungen der Interposition sprechen sich die Urtheile des Kammergerichts nicht aus, eben so wenig über die bei der Appellation in Betracht kommenden verschiedenen Fristen[163]). Bei oder nach der Inter-

[161]) Siehe z. B. Reg. Nr. 42, 43, 49, 91.

[162]) Beispiele bei Senckenberg: von der kais. h. Gerichtsbarkeit S. 64 ff.: 1452 die Stadt Weissenburg beruft sich und appellirt von einem femgerichtlichen Urtheil (das über die Verhandlung aufgenommene App.-Instrument wird von einem andern Notar dem Freigrafen behändigt); — Harppr. I. 195 ff.: 1455 (das vor einem Notar aufgenommene Instrument wird dem Richter in Gegenwart der Parteien überreicht); — siehe auch: de iudicio cam. hod. 118—29, 130 ff., Harpprecht I. 211 und das. 128—133 (im letzteren Falle handelt es sich um eine sog. Extrajudicialappellation), Chmel: Geschichte Friedrichs II. 753 ff.

[163]) Der zehntägigen Frist für die Interposition gedenkt das Urtheil von 1456 (Note 157) und das in N. 160 erwähnte Instrument, der dreissigtägigen Frist für das Fordern der Apostel geschieht ebenfalls in dem Urtheil Note 157 Erwähnung, und des tempus legitimum für die Introduction das Inhibitoriale in Note 166. Ob eine solche Frist vom Unterrichter bestimmt werden durfte, ist nicht ersichtlich; die K. G. O. von 1471 erwähnt dessen nicht, sondern kennt nur § 14 eine im Rechten feststehende Frist von einem Jahre, in welcher Appellant seine App. zu vollführen hatte. Um böswillige Verzögerung zu verhüten, bestimmte die G. O. aber, dass pars appellata das Jahr nicht auszuwarten habe, sondern schon nach sechs Monaten die App. einseitig verfolgen könne. Appellat erscheint in diesem Falle im Gericht, beweist durch Vorlage der Urkunden, dass appellirt und ihm die Appell. verkündet worden sei, und begehrt den Appellanten vorladen zu lassen. Nach dreimaliger Ladung begehrt dann Appellat zu erkennen, dass der Appellant „von solicher App. gefallen und ir (des Appellaten) behabt urteil in krefften und in ein verurteilt sach gangen wäre". Bleibt Appellant nach dreimaligem Rufen aus, so wird das frühere Urtheil bestätigt und dem Appellaten Ersatz der Schäden u. s. w. zugesprochen. (Siehe den Fall bei Chmel Reg. Nr. 43). Trotz dieser Bestimmung wurde die Appellation sehr häufig zu arger Verzögerung des Rechten missbraucht, wie die Klagen aus Köln vom Jahre 1474 (Reg. Nr. 6831)

position begehrt der Appellant die Aktenedition und Ertheilung der Apostel; erklärt der Unterrichter das Rechtsmittel für verwerflich, so ertheilt er apostolos refutatorios und gibt in diesem Falle nicht Briefe über den ganzen Gerichtshandel, sondern nur Abschrift des gesprochenen Urtheils[164]); bei der Interposition vor Notar und Zeugen ersetzt das von dem ersteren aufgenommene Instrument die Apostel[165]). Ueber die Introduction beim Kammergericht wird nichts Näheres berichtet: sie scheint aber durch eine schriftliche, innerhalb gesetzlich feststehender Frist einzureichende Erklärung (instrumentum appellationis) erfolgt zu sein[166]). Das eingeführte Rechtsmittel kann durch ein einfaches Decret verworfen werden[167]); wird es dagegen für zulässig erachtet, so ergeht die Ladung der Parteien[168]) und in geeigneten Fällen erlässt der König

deutlich zeigen. — Dass der Appellat beim Ausbleiben des Appellanten in dem Termin zur Vollführung der App. sofort um Entbindung von der Ladung bitten konnte, ist schon oben S. 22 Note 84) erwähnt worden.

[164]) Harpprecht I. 182, 94.

[165]) Senckenberg: von der k. h. G. S. 68, de iud. cam. hod. 127, Harpprecht I. 132, 33; siehe auch Reg. Nr. 3860.

[166]) Urkunde von 1451 bei Chmel: Regesten Nr. 91: a qua sententia — ad nos — infra tempus legitimum extitit appellatum, prout in instrumento appellationis huiusmodi coram nobis exhibito clarius continetur —. Hier ist von Introduction des Rechtsmittels die Rede, denn es heisst weiter, dass nach Eingang der Schrift die Ladung beider Parteien erfolgt sei. — Ebenso wird 1478 gesagt: hat — appellirt nach laut eines instruments derselben appellation uns fürbracht, und darauf erfolgt sofort die Ladung des Appellaten: M. H. II. 348.

[167]) De iud. cam. hod. 71 (von 1442: das angefochtene Urtheil sei gerecht und müsse daher bei Kräften bleiben). — Mon. Habsb. II. 364 (von 1478: im letzteren Falle war auf die App. bereits Ladung des Appellaten ergangen: diese wie jene wird für abgethan erklärt, weil der Zulässigkeit der Berufung ein privilegium de non appellando entgegenstehe). Auf ein solches Decret bezieht sich wohl auch die Aeusserung bei Harpprecht I. 148: dieselbe appellation — wir untauglich und nit von würden gesetzt haben.

[168]) Ladung des Appellaten: M. H. II. 348. Dass beide Parteien gleichzeitig geladen wurden, ersieht man aus Chmel: Reg. Nr. 91 (Note 166) und aus den zahlreichen Berichten über die erste mündliche Verhandlung in der Appellationsinstanz: Reg. Nr. 4, Mon. Habsb. II. 145, III. 516, 28, Harpprecht I. 155, 174.

litteras inhibitoriales[169]) und compulsoriales[170]). Die Ladung erfolgt zu dem Zwecke, dass der Appellant die Appellation vollführe und Appellat darauf antworte[171]). Erscheinen die Parteien, so lässt Appellant den Gerichtshandel und das Appellations-Instrument verlesen, rechtfertigt die Appellation in Beziehung auf die Formalien und die Sache selbst und schliesst mit dem Antrage, es solle mit Recht erkannt werden: dass an dem Gericht übel gesprochen und er sich von dem Urtheil wohl berufen und appellirt hätte, oder: dass das Urtheil, davon er sich berufen, „von unwirden und unkrefften sollte gesprochen werden" [172]). Appellat redet dawider und schliesst mit einer Gegenbitte, meist es solle erkannt werden: wohl gesprochen und übel appellirt, oder: dass die Appellation kraftlos und untauglich were[173]). Das Verfahren von der Ladung bis zum Endurtheil ist überall dasselbe wie in dem Falle, dass das Gericht in erster Instanz urtheilt; es kann erst noch Beweisaufnahme angeordnet und über den erhobenen Beweis verhandelt werden, ehe es zur schliesslichen Entscheidung kömmt[174]). Die letztere ergeht regelmässig dahin: wohl geappellirt, gedingt, berufen[175]), oder: nicht wohl geappellirt, wofür es auch heisst: dass das frühere Urtheil bei Kräften bestehen sollte[176]).

[169]) Chmel a. a. O. Nr. 91: inhibemus, ne tu post huiusmodi appellationis interpositionem — per te vel alium seu alios — quicquam attemptare vel innovare nec — de celero procedere presumas, quod si secus factum fuerit, id totum revocare et in pristinum statum reducere et alias penas iuxta facti et excessus qualitatem procedere curabimus iustitia mediante.

[170]) Harpprecht I. 194 a. E.

[171]) Mon. Habsb. III. 528.

[172]) Harpprecht I. 154 ff., — das. 175, 77, 80, 89, — Mon. Habsb. II. 145, 47, — das. III. 516, 18, — Mater. z. österr. Gesch. II. 108.

[173]) Harpprecht I. 156, 195, — Mon. H. II. 156, III. 516, 19, — Mater. II. 107.

[174]) Z. B. Mon. Habsb. III. 519, 20.

[175]) Harpprecht I. 199, Mon. Habsb. II. 156, 157, III. 520.

[176]) Chmel: Reg. Nr. 4, Harpprecht I. 157, Chmel: Reg. Nr. 54. Auch andere Formeln für die Verwerfung der App. finden sich, z. B. Mater. z. österr. Gesch. II. 108: das er — in der vorgemeldten urteil nit sy beswert in solicher maas, das im der berufung und app. not getan habe.

Ueber die Mittel, deren man sich am Kammergericht bediente, um den Verklagten zu nöthigen, einem condemnatorischen Urtheile Genüge zu leisten — Exekution in das Vermögen, Acht, Anrufung der geistlichen Gewalt — habe ich mich im Allgemeinen schon an einem andern Orte ausgesprochen und dort auch die völlige Unzulänglichkeit des Exekutionsverfahrens ausführlich geschildert[177]). Was Peter von Andlau von den deutschen Gerichten überhaupt sagt, traf ganz besonders auch das Kammergericht: post longos laborum circuitus — deficit —, qui res iudicatas executioni demandare aut velit aut possit.

III.

Die Urtheile des Kammergerichts.

Die Geschichte des Kammergerichts umfasst einen Zeitraum von mehr als einem halben Jahrhundert und man dürfte, da alle Urtheile schriftlich aufgezeichnet wurden, wohl erwarten, über die Rechtsprechung des Gerichts besonders eingehende Nachrichten zu erhalten. Es ist aber nicht zu übersehen, dass das Kammergericht oft Jahre hindurch gar nicht in Thätigkeit war, dass es namentlich in der letzten Zeit der Regierung Friedrichs III. sehr unregelmässig gehalten wurde, und dass selbst in den Jahren, in denen es zu Wirksamkeit gelangte, immer nur verhältnissmässig wenige Rechtssachen zur Entscheidung kamen. Daher ist die Zahl der Urtheile, die vor demselben ergangen sind, wohl überhaupt nicht eine sehr bedeutende gewesen; viele derselben sind überdies längst verloren, — einzelne noch nicht veröffentlicht, — manche mögen

[177]) Reichshofgericht I. 354 ff. Auf Einzelnheiten näher einzugehen, hat nicht einmal rechtsgeschichtliches Interesse.

auch meiner Aufmerksamkeit entgangen sein: — ich vermag zur Zeit nicht mehr als etwa sechzig Spruchbriefe des Gerichtshofes nachzuweisen.

Es wären ihrer immerhin genug, um auf Grund derselben ein anschauliches Bild von dem Rechtszustande in Deutschland in den sechs letzten Jahrzehnten des funfzehnten Jahrhunderts zu entwerfen. Man hat mit Berücksichtigung der geschriebenen Quellen des Rechts diesen Zustand schon zu schildern versucht: wie jedes Land, jede Stadt, jede Gemeinde, wie die einzelnen Stände ihr besonderes Recht hatten; in den Ländern des sächsischen Rechts ein in gewissem Sinne subsidiäres gemeines Recht, welches sich über dem Sachsenspiegel durch Literatur, Praxis und Gesetzgebung entwickelt hatte; endlich das römische Recht, welches die Theorie jener Zeit als ein gemeines Recht für Deutschland zu betrachten gewöhnt worden war[178]). Hier, sollte man meinen, wird der Geschichtschreiber des Kammergerichts vieles ergänzen und näher ausführen können. Ein Gericht mit Competenz über das ganze Reich, — Rechtssachen aus aller Herren und Städte Gebieten, alle Stände und Kreise des Volkes berührend, — Gelehrte als Richter, als Urtheiler, als Prokuratoren, als Fürsprecher: es muss sich hier ein frischer, mannigfacher, das gesammte Rechtsleben der Nation gewissermassen wiederspiegelnder Rechtsverkehr entwickelt haben!

Und doch im ganzen Reiche, in allen Kreisen, nur Klagen über diesen Rechtsverkehr, Widerwille, Spott, Hohn, entschiedene Abneigung, energielose Versuche zu einer Reform. . Das Gericht selbst oft Jahre hindurch ganz verschwindend, dann wieder einmal zusammengetrieben, ohne festen Stamm von Urtheilern, besetzt wie es der Zufall will, würdelos, kraftlos, mühevoll das Nothwendigste zu Ende führend. Das Verfahren ohne sichere Principien, langsam sich dahinschleppend, aus nichtigsten Ursachen oft unterbrochen. Die Urtheile von ermüdender Breite, ganze Aktenstücke

[178]) Stobbe: Geschichte der deutschen Rechtsquellen II. § 60; siehe auch Schmidt: Reception des römischen Rechts §§ 9, 10.

füllend, aber nur die schlecht erzählten thatsächlichen Verhältnisse, die Vorgänge im Gericht, die ungeordneten Deductionen der Advokaten berichtend, reich an Wiederholungen, in einer Sprache, welche den Kern der Streitpunkte nur mühsam erkennen lässt, endlich ein Beschluss, der die unliebsame Entscheidung hinausschiebt, und im glücklichsten Fall ein Erkenntniss ohne Gründe. Stützt sich der Entscheid nicht auf prozessualische Vorgänge — Ungehorsam, Beweisfälligkeit, und dergleichen mehr —, so ersieht man oft gar nicht, weshalb so und nicht anders entschieden worden, und im Allgemeinen muss man sagen: nicht die Praxis des Kammergerichts lernt man aus den Urtheilen desselben kennen, sondern höchstens die Anschauungen, welche die Parteien, die Advokaten insbesondere von dem einheimischen und fremden Recht, von einzelnen Rechtsinstituten und Rechtssätzen hatten.

Und in dieser Beziehung ist eins von entschieden rechtsgeschichtlicher Bedeutung. Wenn bis zur Mitte des fünfzehnten Jahrhunderts das römische Recht nur der Theorie nach ein gemeines war [179]), so beginnt jetzt die praktische Anwendung dieses Rechts. Wie man nicht zweifelte, dass die Grundsätze des römisch-kanonischen Prozesses für das Verfahren am Kammergericht massgebend seien, so forderte man auch ohne Widerspruch die Anwendung des römischen Rechts für die materielle Entscheidung der einzelnen Rechtssachen. Das Kammergericht selbst hat sich nie darüber geäussert, es hat die Berufung auf das fremde Recht nie zurückgewiesen, konnte das auch nicht wohl thun, nachdem schon Albrecht II. sein Gericht auf das gemeine geschriebene Recht verwiesen hatte [180]). Eigenthümlich aber ist es, dass die Parteien nicht einmal den Versuch machen, die Geltung des römischen Rechts zu bestreiten. Freilich vertheidigen sie wohl im geeigneten Falle ihr partikuläres Recht als eine gute Gewohnheit, die das Gericht respectiren müsse und nach derselben Bestimmung Albrechts

179) Stobbe a. a. O. S. 7, Schmidt S. 173.

180) Reichshofgericht I. 320, Stobbe I. 623.

auch zu beachten angewiesen war[181]; freilich weisen sie gelegentlich darauf hin, wie unsinnig es sein würde, Alles nach geschriebenem Recht beurtheilen zu wollen[182]; aber niemals bestreiten sie principiell die Anwendbarkeit desselben, von einer Opposition gegen die Geltung des römischen Rechts aus allgemeinen, namentlich nationalen Gründen findet sich keine Spur; im Gegentheil gewähren die Verhandlungen des Kammergerichts den Eindruck, als ob man in jener Zeit doch schon allgemeiner von der Unzulänglichkeit des zerplitterten einheimischen Rechts und der Nothwendigkeit überzeugt war, im geschriebenen Recht eine Hilfe dagegen zu suchen. Andererseits scheint die Kenntniss, welche die Advokaten vom römischen Recht hatten, keine besonders tiefe gewesen zu sein, und die Art, wie sie diese Kenntnisse gebrauchen, macht einen wenig erquicklichen Eindruck; es entspricht eben ihr ganzes Verhalten dem Maasse der juristischen Bildung, welches die meisten studirten Juristen jener Zeit durchschnittlich erreichten[183].

Abgesehen aber von der Bedeutung, welche die Verhandlungen des Kammergerichts für die Geschichte der Reception des römischen Rechts unstreitig besitzen, belehren dieselben über so viele rechtsgeschichtlich und namentlich für die Kenntniss des Gerichtsverfahrens wichtige Einzelnheiten, dass es längst an der Zeit gewesen wäre, dieselben zu durchmustern und aus dem öden Wuste dasjenige herauszuheben, was für die Wissenschaft dauernden Werth haben könnte. Die freudige Veranlassung, welche das Erscheinen

[181] Siehe namentlich den Rechtsfall bei Harpprecht I. 254—75, unten Nr. LIII.

[182] Siehe das Urtheil von 1473 in den Mon. Habsb. III. 479 ff., unten Nr. LII. Die Vertreter der Stadt Memmingen erklärten damals: sollten die Städte alle „nach geschriben rechten regirt werden, als der Gegner (ein Lehrer der Rechte) das in seinen schrifften und reden anczöge, so müssten allweg die bürger Doctores und gelert leute sein, das doch nicht gesein noch stat haben möge; und wo die stette in dem heiligen reich nach dessen meynung regirt werden solten, wer ein gemeiner schad und verderben".

[183] Vergl. die Schilderung von R. Stintzing: Geschichte der populairen Literatur S. XXVII ff.; siehe auch Stobbe II. 31.

der ganzen vorliegenden Schrift rechtfertigt, bestimmte mich, diese Arbeit zu unternehmen, und ich lege dieselbe vor, wie sie in verhältnissmässig kurzer Frist entstanden ist. An eine systematische Bearbeitung der Urtheile war aus vielen Gründen nicht zu denken; eben so wenig schien mir eine Behandlung geeignet, wie sie Paul Wigand in seinen „Denkwürdigkeiten" den späteren Akten des Reichskammergerichts hat zu Theil werden lassen; ich glaubte vielmehr die Form von schmucklosen Regesten für die Mittheilung wählen zu sollen, weil dieselbe bequem gestattet, auf minder Erhebliches kurz hinzuweisen, das Wichtigere aber in nothwendiger Ausführlichkeit zu geben. Berücksichtigt sind alle Urtheile des königlichen Gerichts, mit Ausnahme derer, welche noch in die Zeit des Reichshofsgerichts fallen, und derer, welche vor dem sogenannten Fürstengericht [184]) gefunden wurden. Ich kann, wie schon bemerkt, nicht einstehen für die numerische Vollständigkeit der vorliegenden Sammlung, wohl aber glaube ich verbürgen zu können, dass aus den behandelten Urtheilen Alles mitgetheilt ist, was für uns überhaupt noch von Werth und Bedeutung ist.

Nr. I. — 1442. — Zürich. — Klage des Hans Rübsamen wider die Stadt Massmünster. Kläger ist durch einen nicht gehörig legitimirten Bevollmächtigten vertreten. Erkannt, dass die Stadt der gegen sie erhobenen Ansprüche ledig zu sagen, ihr selbst aber Recht und Klage gegen H. R. vorzubehalten. (Regesten Friedrichs Nr. 1156, gedruckt bei Senckenberg: de iudicio cam. hod. S. 69 und Chmel: Reg. Anhang Nr. 28 S. XLVI.)

[184]) Ueber dieses siehe Reichshofgericht II. 97—107, 151—57, 185, 214—24. Aus der Zeit Friedrichs III. gehören hierher: der Prozess zwischen Markgraf Albrecht Achilles und den Nürnbergern, den ich in einer besondern Schrift (Berlin, 1866) geschildert habe, — das Verfahren gegen den Kurfürsten Friedrich den Siegreichen von der Pfalz, für welches die Urkunden in Band II. der Quellen zur bayerischen und deutschen Geschichte theils nachgewiesen, theils mitgetheilt sind (vergl. dazu aber noch Mon. Habsb. I. 395—412, III. 535—38, 603), — und der Prozess gegen die Herzöge von Jülich im Jahre 1475, worüber die Urkunden in den Mon. Habsb. I. 433 ff. zu vergleichen sind.

Nr. II. — 1442. — Konstanz. — Das Liebfrauenstift zu Ingolstadt wider die Stadtgemeinde daselbst. Da für die Verkl. Niemand zur Beantwortung der Klage erscheint, so erkennt das Kammergericht, das Stift habe Ansprache und Forderung wohl und rechtlich behalten und erwonnen. (Reg. 1247, Senckenberg S. 73, Chmel: Anhang Nr. 30 S. XLVIII.)

Nr. III. — 1443. — Grätz. — Hans Klosener von Stubenberg gegen fünf verschiedene Verklagte: sie hätten sich in einem Schuldbriefe ihm und seiner Hausfrau wegen des väterlichen Erbtheils der letzteren verbürgt um tausend Gulden „die auf ein genant zile zu bezalen oder, wo sy das nit teten, aber auf ein ander zyl sy der auf gut, erb und aigen, davon inen jerlichen gevallen möcht ye von zehen gulden einer, verweisen und versichern". Gegen einige der Verklagten wird gleichzeitig Ersatz des Schadens dafür gefordert, dass sie den Kläger ohne Recht des Heirathsguts seiner Frau entwert hätten. Contumacialverfahren. (Reg. 1553, Chmel Nr. 41 S. LVI. Mangelhafter Abdruck.)

Nr. IV. — 1443. — Grätz. — Vor dem Hofgericht des Pfalzgrafen bei Rhein ist ein Schuldbrief um 800 Gulden Heirathsgut für unkräftig erklärt worden. Die Partei, welche Interesse an der Rechtsbeständigkeit des Schuldbriefs hat, dingt und beruft sich von diesem Urtheil an den König; dieser nimmt die Appellation an und lässt sie durch den Bischof von Freising entscheiden: das Instrument wird nun „zu Kräften gesprochen". Nun dingt und beruft sich die Gegenpartei von diesem Appellationserkenntniss auf den König: „und als die beid urtailn enander widerwertig gewesen sein, sin sy der zu rechten zeiten und in jarsfrist zu luttrung fur unser kuniglich camergericht nachkomen, welche urteil under den zweyen die gerechter wer und bey krefften besteen und beliben sollt." Das Kammergericht läutert und spricht zu Recht, dass das erste vor dem Pfalzgrafen ergangene Urtheil zu Recht bestehen solle. Damit ist nun wieder die erste Partei nicht zufrieden; sie beruft die Gegner abermals vor den König unter dem Vorgeben, sie wäre der Appellation nicht nachgekommen als des Reichs Recht wäre. Abermals dreimalige Ladung; das letzte Urtheil des Kammergerichts für den Fall des Ausbleibens der angreifenden Partei bestätigt; letztere erscheint in der That nicht. (Reg. Nr. 1554, Senckenberg S. 76, Chmel Nr. 24 S. XLI und Nr. 42 S. LVII ff.)

Nr. V. — 1443. — Grätz. — Urtheil wider den Grafen Heinrich von Görz. (Reg. Nr. 1555. Ungedruckt.)

Nr. VI. — 1443. — Grätz. — Urtheil auf eine Appellation vom Hofgericht des Pfalzgrafen bei Rhein. (Reg. Nr. 1556. Ungedruckt.)

Nr. VII. — 1443. — Grätz. — Erasmus S. hat sich von einem gegen ihn am Hofgericht des Pfalzgrafen Albrecht ergangenen Urtheil an den König „berufen und gedingt", ist aber solcher Appellation zu rechten Zeiten nicht nachgefolget. Klägerin und Appellatin hat ihn darum vor das Kammergericht laden lassen „umb erkenntnus willen des rechten, das er von solicher appellacion gevallen und ir behabt urteill in krefft und ein verurteillt sach gangen wäre". Am dritten Gerichtstage wird erkannt, dass wenn Verklagter und Appellant bis zum Schluss des Gerichts nicht erscheine, das vom ihm angegriffene Urtheil bei Kräften bleiben solle. (Reg. 1557, Chmel Nr. 43 S. LVIII.)

Nr. VIII. — 1443. — Grätz. — Auf Antrag von H. L. hat der König dem Herzog Ludwig von Bayern in einem Mandat aufgegeben: den Kläger in die Gewere der Güter, welche er demselben entzogen, wieder einzusetzen, oder, wenn Verklagter dawider Einreden hätte, vor dem König zur Beantwortung der Klage zu erscheinen. Der Herzog hat den Kläger nicht klaglos gestellt, ist auch, obwohl ihm aus gerichtlicher Gütigkeit die Fristen verlängert wurden, nicht erschienen. Contumacialverfahren. (Reg. Nr. 1558, Chmel: Anhang Nr. 44 S. LVIII.)

Nr. IX. — 1444. — Urtheil auf eine Appellation von der Entscheidung eines königlichen Commissarius. (Ungedruckt, Reg. Nr. 1780.)

Nr. X. — 1444. — Wien. — Johann Graf von Schaunberg gegen den Grafen Heinrich von Görz wegen 24000 Gulden Hauptgut und 2000 Gulden Kosten und Schäden. Ueber die Hauptschuld ward im Gericht ein Schuldbrief vorgelegt [185]. Nach wiederholter Vertagung

[185]) Zur Erläuterung dieser und der unter Nr. XII., XXIII. und XXXIX. folgenden Urtheile vergl. Stülz: Zur Geschichte der Herrn und Grafen von Schaunberg in den Denkschriften der Wiener Akademie, phil.-histor. Klasse XII. 147 ff. und die dazu gehörigen Regesten das. 231 ff. Graf Heinrich VIII. von Schaunberg war verehelicht mit der Ursula, Tochter des Grafen Meinhard VII. von Tyrol. In dem Ehevertrage vom 4. Juli 1362 (Reg. 500, Chmel: Geschichtsforscher II. 522) wurden ihr an Heirathsgut und Morgengabe 24000 Gulden ausgesetzt und auf die Vesten Schöneck, Neuhaus und Uttenheim im Pusterthale versichert (Reg. 568), nachdem sie schon vorher auf die väterliche und mütterliche Erbschaft verzichtet hatte (Reg. 494). Ein Enkel dieser Ursula (von ihrem Sohne Ulrich II.), Johann II. von Schaunberg, ist es, welcher 1444 und 46 die alte Forderung geltend machte; sein Gegner ist Graf Heinrich IV. von Görz, der Sohn Meinhards VII. Zwischen diesen verhandelte im Jahre 1447 Herzog Albrecht von Bayern als Schiedsrichter (Stülz Reg. 915, 16); da aber diese Bemühungen ohne Erfolg blieben, so klagten im Jahre 1458 und 1459 die Söhne Johanns II., die Grafen Albrecht, Bernhard, Sigismund,

wird Verklagter, der am dritten Gerichtstag nicht erscheint, verurtheilt, das Kapital zu bezahlen; wegen Schäden und Kosten solle Kläger den Verklagten vornehmen als Recht ist. (Reg. Nr. 1629, Stülz Nr. 888, Chmel Nr. 46 S. LXX).

Nr. XI. — 1444. — Nürnberg. — Ursula Ried wider Bürgermeister und Rath zu Memmingen. Klägerin ist eines ihr zuständigen Erbes in M. entsetzt worden; während die Stadt ihr Erbe hinter sich gehabt, sei ihr Mehreres entzogen und gestohlen worden; auch habe sie auf Herausgabe des Erbes erst klagen müssen; sie schätzt Schaden und Kosten auf 2000 Gulden und beantragt, den Rath zu deren Ersatz zu verurtheilen. Verklagte wenden ein: sie wären dem in der Hauptsache zu Gunsten der Klägerin früher ergangenen Urtheil nachgekommen und hätten gegen sie überall „ungeverlich“ gehandelt. Es wird erkannt: der ganze Rath zu M. solle schwören zu Gott und den Heiligen, dass sie den früheren Urtheilen nachgekommen, dass sie der Klägerin ihr Erbe haben ausreichen lassen nach des Reichs und ihrer Stadt Recht, dass sie das Recht nicht verzogen und in der Sache „ungeverlich“ gehandelt hätten; im Schwörungsfalle sollten sie aller Ansprüche ledig sein, im andern Falle ferner geschehen, was Recht sei. (Reg. 1712, Chmel Nr. 48 S. LXII.)

Nr. XII. — 1444. — Nürnberg. — Der vollmächtige Anwalt und Prokurator des Grafen Johann von Schaunberg fordert „Prozess zu erkennen“ aus dem Urtheil des Kammergerichts vom 30. April 1844 (siehe vorstehend Nr. X.). Der Anwalt des Verklagten wendet ein: 1) Graf Heinrich von Görz sei zur Zeit des ergangenenen Urtheils gefangen gewesen und hätte deshalb der Ladung nicht folgen können; 2) er hätte aber auch nicht zu erscheinen brauchen, denn nach geschehener Ladung hätten beide Theile auf Schiedsrichter compromittirt, sodass Verklagter nicht hätte wissen können, dass dennoch gegen ihn werde im Rechten verhandelt werden. Es wird mit der „mêrren urteil der rechtsprecher zu recht gesprochen und erteilt“, principaliter: der Verklagte solle schwören, dass er zu dem in dem früheren Verfahren angesetzten letzten Rechtstage um Gefangenschaft willen nicht habe erscheinen, auch keinen Vertreter habe entsenden können; eventualiter: er solle die zweite Einrede beweisen; thäte er das eine oder das andere binnen sechs Wochen und drei Tagen, so solle ihn das Urtheil

Wolfgang und Ulrich III. — zwei andere Brüder und die Schwestern werden in den Urtheilen nicht genannt — abermals und zwar diesmal gegen Johann von Görz, den Enkel Meinhards VII. (Unten Nr. XXXIX.) Aber auch dieses Urtheil ward nicht ausgeführt, denn im Jahre 1467 scheint über die Sache abermals vor dem Kammergericht verhandelt worden zu sein (Stülz 1058, 1065).

nicht binden, anderenfalls bleibe es bei Kräften. (Reg. 1720, Stülz Nr. 890, Materialien zur oesterr. Geschichte I. S. 144 ff. Nr. XLV).

Nr. XIII. — 1444. — Nürnberg. — Dietrich Staufer und Genossen klagen gegen Gebhard Judmann: daz er sy von der borgschafft des slosses Laber wegen, darumb er sy mit andern gegen — den Pfalzgrafen Heinrich bei Rhein — verseczt hett, von haubtgut und scheden lösen solt, nach Inhalt der Urtheile, die sie vor dem Hofgericht des Herzogs Albrecht von Bayern wider ihn erlangt haben. Verklagter dagegen: eben gegen dieses Erkenntniss des Hofgerichts habe er an den König appellirt; er bekenne, dass er sich mit andern gegen die Kläger verschrieben hätte, „aber nit unverschaidenlich. Darumb so getrawte er, daz er nit schuldig sey, sy zu lösen dann allein um soviel, als im des zu seinem teil gebürte, und des hett er sich gegen in erboten und wolt das noch gern tun, aber sy wolten das von im nit aufnemen; darumb so getrawt er aber, wann sy das von im nicht aufnemen wolten, so solt er in von des schadens wegen nicht schuldig sein.“ Erkannt, dass der Verklagte und Appellant „in nicht mer schuldig wer, sy zu lösen, dann umb sovil im das zu seinem teil gebürt nach anzal, es wer dann, daz in an den andern seinen mitschuldern ychtzit abging, so solt er, soviel im zu seiner anczal gebürt, in auch darczu ervollen“. (Reg. 1721, Chmel Nr. 49 S. LXIII).

Nr. XIV. — 1444. — Andreas von Holnegk gegen den Grafen Heinrich von Görz. Der Verklagte will ein gegen ihn früher ergangenes Urtheil nicht gelten lassen, weil er durch echte Noth verhindert worden, im Gericht zu erscheinen. Es wird erkannt, der Verklagte solle beweisen: dass er uff die zeit, als im in unser ladung der entlich rechttag — gesetzt ist, gefangen und sins libs und guts nit gewaltig gewesen sey, das er selbs zu solichem rechttag komen noch sine anwalt schicken möcht, dem H. zum rechten zu antwurtten; würde dieser Beweis erbracht, so solle das frühere Urtheil ab sein und den Verklagten nicht binden; anderenfalls solle es bestehen und auf Grund desselben ferner geschehen, was Recht ist. (Reg. 1725, Materialien I. S. 145 Nr. XLVI.)

Nr. XV. — 1444. — Nürnberg. — Die Stadt Osnabrügg hat den Grafen Johann von Hoyn gefangen genommen in offenem Kriege und trotz eines Mandats des Königs nicht freigelassen. Deshalb auf Klage des Grafen Erich von H. vor das Kammergericht geladen, wendet die Stadt ein, 1) sie sei privilegirt, dass sie vor keinem fremden Gericht zu Recht zu stehen habe, also auch nicht vor dem Kammergericht, und 2) sie sei wegen derselben Sache schon vor dem Bischof von Münster verklagt worden. Der erste Einwand wird verworfen (wann unser camergericht das höchst und obrist gericht ist), in Betreff des zweiten wird erkannt, dass die in Münster etwa gegen Verklagte ergehenden Urtheile unwirksam sein sollten. Ein Antrag der Stadt auf Vertagung wird verworfen und demnächst in der Sache selbst dahin erkannt, dass, da die Stadt den Grafen länger als des Reichs Recht ist und wider königliche Gebote im Gefängniss gehalten, dieselbe schuldig, den Grafen binnen 14 Tagen aus dem Gefängniss zu entlassen und binnen weiteren 14 Tagen an den König (oder dessen Bevollmächtigten) auszuliefern, wogegen der König verpflichtet sei, denselben der Stadt Osnabrügg zu Gericht zu stellen, wenn sie gegen ihn klagen wolle. (Reg. 1746, Chmel Nr. 52 S. LXVII.)

Nr. XVI. — 1444. — Nürnberg. — Von dem Hofgericht des Pfalzgrafen Heinrich bei Rhein hat Graf Heinrich von Ortemberg (Verklagter) an das Kammergericht appellirt. Er ist von Hanns Frauenberger in Anspruch genommen wegen der Hälfte an einem Drittheil des Schlosses Seldemburg, welche seiner (des Klägers) Ehefrau als väterlich Erbtheil zustehe: „das derselb graf Heinrich im und seiner hawsfrawn solichen halbteil mit aller seiner zugehörd und mit bekerung der abgenomen nucz zu iren handen antworten und abtreten solt“, vorbehaltlich der Schäden und Kosten, welche sie in der Sache gehabt. Der Verklagte und Appellant wendet zunächst ein, es sei gemeines Landesrecht in Bayern, dass Töchter weder „sloss, lehen, mannschafft, hofmarch, noch gericht erben mögen, es sei denn das von demselben geslecht nyeman si von manns namen“; diese Behauptung wird bestritten: es sei das weder gemeines Landesrecht in Bayern, noch Landesrecht in Niederbayern, wo das Gut gelegen sei. Sodann wird eingewendet: die Ehefrau des Klägers habe gegen Empfang von 2000 Gulden auf ihren Erbtheil verzichtet; der Kläger bestreitet die Gültigkeit dieses Verzichts. Endlich behauptet der Verklagte: der Kläger habe, als ihm sein Weib verheirathet worden, diese 2000 Gulden als „iren erbtail und beschid“ angenommen und ausgezahlt erhalten, wogegen dieser erwidert: er habe die Summe als Heirathsgut seiner Frau und nicht als ihr väterlich Erbe angenommen. Ueber den ersten Einwand gibt das Kammergericht keine Entscheidung. In Betreff des zweiten lässt das Urtheil unerörtert, ob der Verzicht rechtsbeständig sei oder nicht; es scheint aber die Verbindlichkeit anzunehmen, denn es erkennt, zugleich mit Berücksichtigung der dritten Einrede, auf einen Eid für den Kläger dahin, dass er „umb solich teding und verzihung sins wybs von irs natürlichen (soll heissen: väterlichen) erbe und guts wegen, als graf H. von O. wider in fürbracht hat, nit gewist hab noch erindert worden sey zu den zyten, do er die 2000 gulden eingenomen hat." Nach Ableistung dieses Eides wird das dem Verklagten ungünstige Urtheil des Hofgerichts des Pfalzgrafen bestätigt. (Reg. Nr. 1752, Chmel S. LXIX ff. Nr. 54. — Der Inhalt des Hofgerichtsurtheils ist nicht näher angegeben, nur dass es dem Kläger Beweis zuerkannte, ist erwähnt; es wird rechtsgeschichtlich interessanter sein als das, noch dazu sehr fehlerhaft abgedruckte Urtheil des Kammergerichts.)

Nr. XVII. — 1444. — Nürnberg. — Derselbe Hans Frauenberger hat gegen Anna, Heinrich Nothaffts Wittwe zu Regensburg geklagt, dass dieselbe ihm seiner Hausfrau väterlich Erbe bei ihres Mannes Zeiten und nach dessen Tode vorenthalten und „verendert" habe, wodurch er zu einem Schaden von 2000 Gulden gekommen. Bei der ersten Verhandlung der Sache zu Neustadt bleibt Verklagte aus; es wird ihr ein Schub von 6 Wochen und 3 Tagen bewilligt; am nächsten Rechtstage darauf soll sie erscheinen und schwören, „dass sie von ehehafter Not wegen und nicht in Ungehorsam oder um die Sache zu verziehen ausgeblieben sei, auch Niemand zu ihrer rechtlichen Vertretung habe senden können"; erscheine sie zu diesem nächsten Rechtstage nicht oder erscheine sie zwar, verweigere aber den Eid, so sollte der Kläger seinen Zuspruch erwonnen haben. Bei der demnächstigen Verhandlung (zu Wien) erscheint ein Bote der Verklagten und beschwört, „das sy mit solicher krankheit begriffen were, das sy selbs iren rechten, als ir erteilt were, nicht möcht nachkomen". Es wird ihr abermals Schub auf 6 Wochen und 3 Tage gegeben, um persönlich im Kammergericht zu erscheinen; wäre aber, dass sie dann noch verhindert wäre, so sollte sie den ihr zu Neustadt auferlegten Eid vor dem Richter in Regensburg leisten und ein richterliches Zeugniss darüber mit ihrem vollmächtigen Anwalt an das Kammergericht schicken; leistete sie den Eid nicht und erschiene auch nicht persönlich oder leistete sie den Eid zwar, sendete aber keinen Bevollmächtigten, so sollte Kläger in Gemässheit des Neustadter Urtheils seinen Anspruch gewonnen haben. Da die Verklagte auch bei der dritten Verhandlung nicht erscheint, wird geurtheilt: Kläger habe seinen Zuspruch gewonnen, auch seien ihm „notdurftig executory und process" zu geben, falls Verklagte dem Urtheil nicht gehorsam sein würde. — Das Exekutoriale besteht nun darin, dass der König benannte Fürsten und die Stadt Regensburg auffordert, dem Kläger beholfen zu sein auf der Verklagten liegendes und fahrendes Gut, Zinsen, Renten u. s. w.; der Rath zu Regensburg insbesondere soll diejenigen Renten und Gülten, welche er der Verklagten zu entrichten, fortan jährlich an den Kläger zahlen, bis derselbe wegen seiner ganzen Forderung befriedigt sein werde. (Senckenberg: de iudicio cam. hod. S. 85—91.)

Nr. XVIII. — 1444. — Nürnberg. — Kunz von Bemburg ist offener Feind der Stadt Hall geworden. Er ist mit seinem Bruder Georg und zwei anderen Geschwistern Eigenthümer des Schlosses Honhart. Die Stadt hat von diesen dreien gefordert, dass ihr das Eigenthum ihres Feindes ausgeantwortet werde; als dies verweigert ward, nahm sie das ganze Schloss mit aller dort befindlichen Fahrhabe gewaltsam in Besitz. Georg von B. beantragt, die Stadt zu verurtheilen, dass sie ihn in sein und seiner Geschwister, deren Fürseher er sei, Theile wieder einzusetzen und für die fahrende Habe Ersatz zu leisten habe. Der Einwand, Georg könne nur seinen, „mit Worten zu benennden" Theil fordern, die Geschwister müssten selbst klagen, wird verworfen und erkannt: die Stadt solle ihm die drei Viertel des Schlosses, die er von sein und seiner Geschwister wegen in der Gewere gehabt, wieder ausantworten und die drei Viertel an der genommenen fahrenden Habe „bekeren mit der zwispalt". (Reg. Nr. 1768, Senckenberg l. c. S. 80 ff., Chmel S. LXXI ff. Nr. 55.)

Nr. XIX. — 1444. — Nürnberg. — Eine Anzahl Nürnberger Bürger klagen wider W. von K., Bürger zu Köln, wegen Strafe, Kosten und Schäden. Der Machtbote des Verklagten beantragt auf Grund des der Stadt Köln zustehenden priv. de non evoc. die Entscheidung nach Köln zu verweisen. Das Kammergericht erkennt dem entsprechend, obwohl Kläger widersprechen: die Freiheit von Köln könne hier nicht in Betracht kommen, weil die Sache durch Berufung und Appellation an das höchste Gericht gekommen sei. (Reg. Nr. 1769, Chmel S. LXXII Nr. 56.)

Nr. XX. — 1445. — Durch Urtheil des königlichen Gerichts unter Vorsitz eines dazu bestellten Commissarius wird Graf Heinrich von Görz verurtheilt, dem König Friedrich die Summe von 74000 Gulden aus einem verlesenen Geldschuldbriefe zu zahlen. Nachdem zahlreiche dilatorische Einreden verworfen worden, bestreitet Verklagter dem Kläger aus nicht deutlich erkennbaren Gründen die Aktivlegitimation, das Gericht erkennt aber, dass der König „ein rechter billiger Forderer sei" und urtheilt weiter: brächte Verkl. briefliche Kundschaft vor, dass die Schuld ganz oder zum Theil gezahlt sei, so sollte die gehört werden und dann geschehen, was Recht wäre; thäte er das nicht, so sollte dem König das endliche Urtheil in der Hauptsache gesprochen werden. Da der Beweis nicht erbracht wird, so wird Verklagter wie angegeben verurtheilt. (Materialien zur österr. Geschichte I. 166--71.)

Nr. XXI. — 1446. — Graf Heinrich von Görz wird durch Urtheil des königlichen Gerichts schuldig erkannt, Sendboten des Königs, die ihm Gerichtsbriefe übergeben sollten, beraubt und misshandelt zu haben. Contumacialverfahren. Wegen der vom Vertreter des Königs geforderten Geldstrafe soll Verkl. neuerdings geladen werden. (Mater. a. a. O. 211—213.) Dies geschieht auch und da Verkl. auch bei diesen neuen Verhandlungen nicht erscheint, wird er dem Antrage des Vertreters des Königs entsprechend in eine Poen von 100 Pfd. Goldes verurtheilt (a. a. O. 228 ff.).

Nr. XXII. — 1446. — Hans Frauenberger hat gegen den Rath der Stadt Regensburg geklagt, dass er dem in der Sache gegen Anna Nothafft im September 1444 ergangenen Exekutoriale nicht nachgekommen. Da sich bei der Verhandlung vor dem Kammergericht findet, dass die Sachen zu guter Massen der Stadt Regensburg Freiheit und die Verschreibungen berührten, welche die Stadt der genannten N. gegeben habe, so wird die Entscheidung, den Parteien unschädlich an ihren Rechten, verfristet, bis der König einmal in die oberen Lande kommen werde, wo voraussichtlich eine grössere Zahl von Kurfürsten, Fürsten, Grafen und Edlen am Hofe sich versammeln werde, als es gegenwärtig der Fall sei. (Senckenberg a. a. O. S. 99—102.)

Nr. XXIII. — 1446. — Wien. — Da Graf Heinrich von Görz die ihm in dem Urtheil vom 3. September 1444 auferlegten Eide nicht geleistet, so ist das Erkenntniss vom 30. April desselben Jahres in Kraft geblieben und da Verklagter demselben dennoch nicht nachgekommen, so erkennt das Kammergericht jetzt, der König solle dem Kläger zu seiner Forderung nach des Reiches Recht und Herkommen beholfen sein. (Ungedruckt; Stülz: Reg. 902a.)

Nr. XXIV. — 1447. — Eine vor königlichen Kommissarien bereits entschiedene Klage des Nikolaus Vogt von Hunoltstein gegen zahlreiche Bürger von Speyer ist gegen ausdrückliches Gebot des Kaisers an die westfälischen Gerichte gezogen und dort zu Gunsten des Klägers entschieden worden. Der Rath und benannte Bürger von Speyer haben sich deshalb an den König als obersten Richter berufen und appellirt. Das Kammergericht, vor welchem diese Berufung verhandelt wurde, weist die Sache vor den König selbst und dieser erkennt und spricht: dass es bei den früheren Entscheidungen sein Bewenden behalten, das Urtheil des freien Stuhls aber als nichtig und als unschädlich den Beklagten anzusehen sei. (Harpprecht I. Nr. XXV. S. 135 fgg.)

Nr. XXV. — 1447. — Urtheil des Kg. zwischen dem Grafen von Oettingen und dem Ort Lauingen. (Lichnowsky VI. Nr. 1234.)

Nr. XXVI. — 1448. — Auf Klage Friedrich Murachers ist die Stadt Nördlingen vor den kgl. Commissarius Friedrich Bischof von Regensburg geladen, und, da sie trotz dreimaliger Ladung nicht erschienen, verurtheilt worden: dem Kläger den Schaden, den er durch die Bürgerschaft von N. erlitten, wie er den mit seinem und zweier ehrbaren Mannen Eide würdigen sollte, zu erstatten. Vor einem anderen kgl. Commissarius ist der Schaden dem Urtheil entsprechend auf 3400 Gulden festgestellt worden. Die Stadt N. hat beim König beantragt, sie gegen dies Urtheil „in ir recht wieder einzusetzen und zu restistuiren". Gründe für das Restitutionsgesuch: die Ladungsfrist sei zu kurz gewesen, — der Inhalt der Klage sei in der Ladung nicht richtig angegeben gewesen — Feindschaft halber hätten sie ihren Machtboten nicht senden können, — der vorsitzende Commissarius, Bischof F., sei ihnen ein verdächtiglicher Richter, denn er sei des Klägers Schwager, — auch unter den Beisitzern seien Freunde desselben gewesen. Die letzteren Angaben werden von dem Bischof selbst, andere vom Kläger widerlegt, insbesondere angeführt: die Ladung sei zu rechten Zeiten und überhaupt, wie Recht sei, ergangen, und einen gehörig bevollmächtigten Vertreter hätten sie senden können, da sie ja einen Boten zur Verhandlung geschickt hätten, der nur nicht legitimirt gewesen sei. Erkannt: das Restitutionsgesuch sei zu verwerfen, es bleibe bei den zu Gunsten des Klägers ergangenen Urtheilen und sei ihm zu denselben Prozess und Gebotbrief zu ertheilen. (Harpprecht I. Nr. XXVI. S. 140—44.)

Nr. XXVII. — 1448. — Der alte Rath zu Schweinfurth klagt gegen den neuen Rath über gewaltsame Entfernung von den Aemtern u. s. w. Der neue Rath hat dagegen zahlreiche Beschwerden gegen den alten und behauptet, Zünfte und Gemeinde seien zu Allem, was sie in der Stadt vorgenommen, berechtigt nach den derselben ertheilten Privilegien und Freiheiten. Beweisaufnahme über die Vorgänge in der Stadt durch commissarische Vernehmung der Boten verschiedener Städte und der von beiden Parteien benannten Zeugen; von den Registern und Freiheiten der Stadt werden beglaubigte Abschriften durch die Commissarien aufgenommen und im Kammergericht vorgelegt und gelesen. Bei der weiteren Verhandlung sind die Machtboten des neuen Raths nicht gehörig bevollmächtigt; sie beantragen Vertagung der Sache, um neue Beweismittel herbeizuschaffen. Dieser Antrag wird zurückgewiesen und in der Sache dahin erkannt, dass, da der alte Rath durch Gezeugniss und Urkunden die in der Klage enthaltenen thatsächlichen Behauptungen genugsam bewiesen: so sollten alle von dem alten Rath in Stand, Amt und Wesen wieder eingesetzt, — die Eide und Verschreibungen, zu denen man sie gezwungen, sollten ihnen erlassen, — die Briefe, die darüber ausgestellt, zurückgegeben, —

alles Gut, das ihnen entzogen, zurückerstattet werden; dem Reiche bleiben die Ansprüche wegen Strafe und Busse, dem alten Rath die Ansprüche wegen sonstiger Schäden und Kosten vorbehalten. Dies Urtheil wird dem neuen Rath in besonderem Briefe bekannt gemacht mit dem Bemerken, dass besondere „Commissarien und Exekutoren" des Urtheils ernannt sein: Ungehorsam gegen dieselben wird mit 500 Mark Goldes gebüsst werden. (Harpprecht Nr. XXVII. S. 145—151.) Alle im Reiche sollen den Exekutoren nöthigen Falls Beistand leisten. (das. Nr. XXVIII. S. 152 fg.)

Nr. XXVIII. — 1449. — Die Stadt Gellenhausen wider Diether von Isenburg wegen Verletzung ihrer Privilegien und Rechte. Die Erzbischöfe von Köln und Trier beantragen, die Sache vor ihre Gerichte zu verweisen, der König lehnt dies ab: „wann solch sach unser und des reichs gerechtigkeit, herkommen und lehen berüret, hat uns bedeucht, nicht billig zu sein, die niederthin zu weisen". Der ausbleibende Verklagte wird überall nach den Anträgen der Stadt verurtheilt. (Harpprecht III. Nachtrag B. S. 494—99.)

Nr. XXIX. — 1449. — Vor dem Kanzler Bischof von Chiemsee, der in dieser Zeit mehrfach dem Kammergericht vorsass, wird eine Klage der Elisabeth Werlin gegen Ursula, die Ehefrau des Edlen Perner von Pernegk verhandelt wegen einer Summe Geldes, welche der verstorbene erste Ehemann der Verklagten, Martin Reuter, der Tochter der Klägerin als Heirathsgut versprochen; die Zusicherung soll mit Wissen und Zustimmung der Verklagten geschehen, die Schuld auch von dieser nachträglich ausdrücklich als sie verpflichtend anerkannt worden sein. Der Ehemann der Verklagten antwortet: die zuspruch berürten ain ploss zicht; nu wer dieselb sein hausfrau edel und möcht sich wol mit irem aid davon nemen, das sy auch tun wolt, vor irem man, der des pillich ir richter wer. Das Gericht erkennt aber, da die Klägerin ihre Weisung auf ehrbare Leute gesetzt habe, so sollten diese gehört werden; der Beweis solle geführt werden in 14 Tagen und zwar vor dem königlichen Gericht (Mater. z. österr. Gesch. I. 296—98).

Nr. XXX. — 1451. — Pfalzgraf Friedrich bei Rhein und Markgraf Jacob haben appellirt von einem Urtheil, welches vor dem Pfalzgrafen Ludwig wider sie und für den Wildgrafen Gerhard von Daun dahin ergangen: dass sie „nicht beigebracht haben als Recht ist, dass sie des Grafen Walram von Sponheim selig Erben seien". Der Antrag des Appellaten, auf Grund des c. XI. der goldenen Bulle, die Sache vor die pfalzgräflichen Gerichte zu verweisen, wird durch Urtheil als unzulässig zurückgewiesen, da die Appellanten „der Pfalz undertan und undersassen nit weren und das vorgemeldte kapitel der g. B. in im selbs ausgelegt und interpretiret ist, die freiheit zu verstan, allein gegen denen, die der Pfalz undertan und mit hause in der Pfalz landen gesessen sein". Der Anwalt der Appellanten bringt vor: es sei denselben durch ein Beweisurtheil auferlegt worden, innerhalb eines Jahres beizubringen, dass sie des Grafen von Sponheim Erben seien; sie hätten dies nun, nach guter alter Landesgewohnheit, bewiesen mit Briefen und Urkunden von sechs ehrbaren edlen Mannen und von sechs Städten und Gerichten; sie hätten sich ferner erboten, falls ein ergehendes Urtheil dies nothwendig hielte, ihren Beweis noch zu verstärken, auch die Zeugen hätten in ihren Urkunden erklärt, sich noch weiter äussern zu wollen, wenn das Gericht es erforderte: — alles dies sei dem pfalzgräflichen Gerichte „vor dem Rechtssatz, auch vor Beschliessung des Urtheils" und vor Ablauf der einjährigen Beweisfrist bekannt gegeben worden, so dass noch Zeit genug gewesen, den Beweis zu vervollständigen. Das Gericht habe aber darauf nicht geachtet, einen Termin für die Urtheilsverkündigung angesetzt und in diesem sei, ohne dass die anwesenden Parteien gehört worden, der jetzt im Wege der Appellation angegriffene Spruch verkündet worden; weshalb der Beweis nicht für genügend geführt zu erachten, sei in dem Urtheil nicht angegeben. Appellanten beantragen: es solle durch Recht erkannt werden, dass sie sich billig von solchem Urtheil berufen hätten und dass letzteres unkräftig und nichtig sei. — Der Prokurator des Appellaten dagegen: die Appellation sei durch die von der Gegenpartei angeführten Behauptungen nicht gerechtfertigt. Der den Appellanten auferlegte Beweis sei deshalb nicht für genugsam geführt erachtet worden, weil 1) das Zeugniss ausserhalb der Ordnung des Rechten gegeben sei, nämlich nicht vor dem Richter der Sache oder einem Commissarius desselben und ohne Zuziehung der Gegenpartei; 2) die Zeugen Unterthanen der Appellanten und von letzteren nicht vor Abgabe des Zeugnisses ihrer Gelübde und Eide gegen sie, ihre Herren, entlassen seien; 3) die Zeugen nur schlechthin bekundet hätten, die Fürsten seien Erben des Grafen von Sponheim, aber nicht: von welchem Stamm und in welchem Grade. Einen Antrag auf Zulassung weiterer Beweise hätten Appellanten rechtzeitig nicht gestellt, sondern sie hätten Ansetzung eines Termins zum Beibringen ihres Zeugnisses beantragt, in diesem Termin das Zeugniss als genügend niedergelegt und fürgebracht, was sie auf Grund dessen für Recht zu haben vermeinten; das hätten sie zu Recht gesetzt und mit diesem „Rechtssatz" sei die Sache beschlossen gewesen: der Richter hätte sie darauf, ohne der Gegenpartei Willen nicht mehr hören, und weitere Beweismittel hätten nicht mehr beigebracht werden dürfen. — Das Kammergericht erkennt einhellig, dass die Appellanten „sich nit wolgeappelliret haben". — Darauf beantragen die Appellanten Erkenntniss des Rechten, dass sie zur Vervollständigung und Ergänzung ihres Beweises zuzulassen seien; das Kammergericht findet aber, sie hätten deshalb Recht zu suchen an billigen Stätten als Recht wäre. (Harpprecht I. Nr. XXIX. S. 153 fgg. Senckenberg: Methodus S. 154 fgg.)

Nr. XXXa. — 1454. — Durch Urtheil des königlichen Gerichts unter Vorsitz des Königs wird ein zwischen dem Erzbisthum Salzburg und der Propstei Berchtesgaden geschlossener Vertrag, als den Rechten des Reichs nachtheilig, für nichtig erklärt. Auf die Einsprache der Abgesandten des Erzbischofs wird keine Rücksicht genommen, weil sie nicht gehörig bevollmächtigt waren und sich im Recht nicht angedingt hatten. (Lünig: R.-A. XVIII. S. 36—41.)

Nr. XXXI. — 1454. — Der vollmächtige Anwalt der Reichsstadt Gellenhausen wider den im Gericht anwesenden Juden Isaak, wohnhaft zu G. in der Burg, weil er die der Stadt verschriebene Judensteuer nicht habe zahlen wollen u. s. w. Verklagter wendet ein: die Stadt solle ihn vor seinem verordneten Richter verklagen. Kläger repliciren: dass Verkl. nirgend billiger als vor dem Kammergericht zu Recht stehen solle; da er die Klage nicht beantwortet habe, so müsse er nach dem klägerischen Antrage verurtheilt werden. Es wird erkannt: die Stadt solle den Verklagten vor seinem verordneten Richter, „darunter er gesessen ist", ihrer Ansprüche halber mit Recht vornehmen. (Lünig: R.-A. XII. 3. 192. Harpprecht I. Nr. XXXII. S. 171, 2.)

Nr. XXXII. — 1455. — Der König theilt dem Herzoge von Cleve mit, dass auf Klage des Kammerprokurator-Fiskals am Kammergericht erkannt worden, dass Bürgermeister, Rath und Gemeinde von Nymwegen in des Reiches Oberacht zu verkünden. (Lacomblet IV. Nr. 309. S. 379.)

Nr. XXXIII. — 1455. — Neustadt. — Sehr umfangreiches Urtheil des Kammergerichts in dem langjährigen Streite zwischen Hans von Rechberg und Genossen auf der einen und den Städten Ulm, Ravensburg und andern auf der andern Seite. In dieser Sache hat der Bischof von Wirzburg als Commissarius des Königs ein dem H. v. R. und Genossen ungünstiges Urtheil ergehen lassen, gegen welches an das Kammergericht appellirt ist. Und zwar sind drei Appellationen eingegangen und auf jede einzelne ist Ladung erfolgt: 1) H. v. R. gegen Ulm und die andern Städte; 2) derselbe gegen Ravensburg insbesondere; 3) derselbe mit mehreren Genossen wider Ulm und die andern Städte insgemein. Aus den Verhandlungen ist folgendes hervorzuheben:

I. Der Anwalt des H. v. R. erklärt durch seinen angedingten Redner, er wolle die drei Appellationen zunächst nur soweit rechtfertigen und verfolgen, als sie eben H. v. R. beträfen, vorbehaltlich der Rechte der Genossen desselben. Die Gegenpartei hält sich nicht für verbunden, dem H. v. R. allein zu antworten, verlangt vielmehr, dass über alle drei Appellationen, welche sachlich mit einander in Verbindung ständen, und da H. v. R. geständlich Mitparteien habe, gemeinschaftlich verhandelt werde. Es wird erkannt: dass, da in den Appellationsschriften und Ladungen drei Parteien als Appellanten genannt seien, die Anwälte der Parteien von ihrer aller und jedes einzelnen wegen nach einander klagen mögen, doch der Gegenpartei vorbehalten ihre Einreden auf jede einzelne Klage.

II. Die Städte wenden sodann ein: Als König Friedrich III. den Streit der Parteien habe schlichten wollen, seien dieselben vorgeladen und im Beisein der Anwälte beider Theile sei beschlossen worden, einen Commissarius in der Sache zu bestellen; gleichzeitig mit der Ernennung desselben und mit dem Befehl an die Parteien, sich vor diesem zu Recht zu stellen, hätte der König ihnen Friede geboten und die Fehde mitsammt der That verboten. Dennoch und selbst nach Anmeldung der jetzt zu verhandelnden Appellation hätte H. v. R. die Feindseligkeiten fortgesetzt, die Bürger gefangen und getödtet u. s. w. Der Appellant bestreitet die hierauf bezüglichen thatsächlichen Anführungen, behauptet aber principaliter, es dürfe darüber überhaupt nicht verhandelt werden, denn ein hierauf bezüglicher Antrag der Städte sei in den Ladungen nicht erwähnt, sondern nur die von H. v. R. eingelegte Appellation sei als Gegenstand der Verhandlung bezeichnet. Diese Replik wird verworfen; das Kammergericht beschliesst die auf die Behauptung der Appellaten bezüglichen Urkunden zu hören und die Parteien zu vernehmen, aber zu einer Entscheidung hierüber kommt es nicht. Ferner weigern sich die Städte, die Appellation des H. v. R. zu beantworten, bevor über die dem Appellanten vorgeworfenen Attentate entschieden sei — „wann es ein gemain recht were, das in hangenden rechten nichz vernewet, noch ein parti wider die andere ichtz mit nuwekeit fürnemen noch handeln solte, sondern was in hangenden rechten von einem teil wider den andern von nuwekeit fürgenomen ward, das soll vor allen dingen ab sin" —; das Gericht erkennt aber, dass sie sich auf die Appellationen einzulassen hätten.

III. Zur Rechtfertigung der Appellation führt der Anwalt des H. v. R. unter anderm an:

1) Der Commissarius habe das Gericht nicht besetzt, wie es von Recht hätte geschehen sollen; er hätte etliche geistliche Personen, auch Doctoren und andere, die nicht Genossen des Appellanten seien und die um „nam, brand, todsleg, leib, ere und gut" nicht zu sprechen hätten, als Beisitzer gewählt. Appellaten erwidern, das Gericht sei

grade so besetzt worden, wie es auch am königlichen Gericht Form und Sitte sei.

2) Die Urtheiler hätten von beiden Theilen niedergesetzt werden sollen, der Commissarius hätte sie aber frei gewählt. — Appellaten bemerken, dies sei ganz zu Recht geschehen; hätten die Parteien die Urtheiler zu wählen, so würden letztere immer nur zu Gunsten derer urtheilen, welche sie gewählt hätten.

3) Der Commissarius hätte sich als „ordentlicher Richter" in der Sache genannt und bezeichnet, sei aber nach Inhalt seines Commissoriums nur ein „gegebener" und nicht ein ordentlicher Richter gewesen. Die Gegenpartei bestreitet die thatsächliche Behauptung; übrigens hätte er sich auch als ordentlicher Richter bezeichnen dürfen, da er anstatt des Königs, der unzweifelhaft beider Parteien ordentlicher Richter sei, zu Recht gesessen.

4) Der Commissarius sei ihm ein verdächtiger Richter gewesen; dies hätte auch Appellant vor Anfang des Rechten dem Commissarius gegenüber geltend gemacht und gefordert, die Sache an den König zurückzuweisen, was ihm aber verweigert worden. Die Gegenpartei behauptet, diese Anführung sei nicht substantiirt: „es seien blosse Worte", und bestreitet, als Appellant später Thatsächliches zur Begründung der Beschwerde anführt, diese Thatsachen; übrigens habe H. v. R. ausdrücklich in die Wahl des Commissarius gewilligt.

5) Als Appellant sich von dem Commissarius als beschwert an das Kammergericht berufen, habe er von diesem Briefe und Urkunden über den ganzen Gerichtshandel, Rede und Widerrede, gefordert, der Richter habe ihm dies aber verweigert, was doch wider Recht und aller Fürsten Höfe Gewohnheit sei. — Appellaten erwidern, der Commissarius habe in Anbetracht, dass die Appellation im Rechten keinen Grund gehabt, mit Recht verweigert, ihm Urkunde und Briefe über den ganzen Gerichtshandel zu geben; er hätte ihm nur Abschrift des gesprochenen Urtheils und apostolos refutatorios gegeben und sei nicht schuldig gewesen, mehr zu thun, es wäre denn: der König hätte, was aber nicht geschehen, die Appellation an sich genommen und darauf „Inhibicion und Compulsoria, zu Tütsch Zwingbriefe" ertheilet.

IV. Die Appellaten beantragen Verwerfung der Appellation aus folgenden Gründen:

1) Die Appellation sei nicht nach Ordnung des Rechten und zu rechter Zeit geschehen. Dies wird vom Gegner bestritten: die Appellation sei in Gegenwart der Parteien vor dem Commissarius öffentlich und mündlich geschehen und demnächst das von Notar und Zeugen ausgestellte Instrument über die vor diesen wiederholte Interposition des Rechtsmittels dem Richter überreicht worden. Die Appellaten wollen dies als ordnungsmässig nicht anerkennen. Die schriftliche Interposition sei zu spät geschehen und die vorhergehende mündliche

sei nicht genügend, denn da es sich um Appellation gegen ein „underredliches“ Urtheil gehandelt, hätte nach Gewohnheit des Kammergerichts die Anmeldung nur in Schriften geschehen können.

2) Der Notar, von welchem das Instrument ausgefertigt worden, sei kein rechter Notar und überdies ihnen, den Appellaten, verdächtig. Ist bestritten.

3) Appellant habe sich durch die nach Anmeldung der Appellation gegen die Gegner vorgenommenen Attentate des Rechtsmittels verlustig gemacht. Der Gegner führt an: er habe sich nur in redlicher Fehde der Städte zu erwehren gesucht.

V. Nach langem Verhandeln erkennt endlich das Kammergericht: H. v. R. habe sich von dem Urtheil des Commissarius und seiner Beisitzer „wohl geappellirt und gedingt“ und es solle zwischen den Parteien am Kammergericht ferner geschehen was Recht wäre. Krieg und Fehde zwischen den Parteien solle bis zum definitiven Austrag der Sache ruhen, auch bis dahin die Forderung von Schadenersatz u. s. w. vertagt sein. (Harpprecht Nr. XXXIV S. 173—200.)

Nr. XXXIV. — 1456. — Neustadt. — Die Markgrafen Karl und Bernhard von Baden gegen die Brüder Georg, Reinhard und Friedrich von Schaumburg. Klagpunkte: 1) die Verklagten hätten die Kläger des Schlosses Schaumburg, welches sie und ihr Vater in redlicher und nützlicher Gewere und Besitz gehabt, aufsetzlich entweret und hätten es noch inne; — 2) sie hätten ihnen in jenem Schlosse merklichen Schaden zugefügt; — 3) sie hätten ebendaselbst einen ihrer Knechte getödtet; — 4) sie hätten zwei Diener und Mannen der Markgrafen gefangen genommen, der eine sei im Gefängniss gestorben, der andere sei noch in Haft. Es wird beim Ausbleiben der Verklagten erkannt: Kläger sollten in die Gewere des Schlosses wieder eingesetzt, auch den Schaden ersetzt erhalten, wie ihn die Kläger mit ihrem Eide feststellen möchten; wegen des getödteten Knechts sollen Verklagte der Seele des Todten Besserung und den Freunden Busse thun nach Rath und Erkenntniss des Bischofs, in dessen Bisthum die That geschehen (Kläger hatten ausserdem noch „Wandel für die Herrschaft“ gefordert); der gefangene Lehnsmann der Kläger endlich soll aus der Haft entlassen und aller Gelübde, die er etwa den Verklagten habe thun müssen, ledig gesagt werden. (Schoepflin: hist. Zar.-Bad. VI Nr. 408 S. 341.)

Nr. XXXV. — 1456. — Hanns Hake von Harthausen hat bei seinen Lebzeiten seinem Schwager Jacob von Lynstetten das Schloss Harthausen mit andern Gütern „gegeben und verschafft“. Dietrich Hake, Bürger zu Rotweil, hat dieses Geschäft angefochten und hat von dem Lehnsherrn, Grafen Ulrich von Wirttemberg, auf Grund eines vor dessen Lehnshofe ergangenen Urtheils, die Belehnung mit dem Schlosse und den Gütern erhalten. Von diesem Urtheil hat Jakob von L. in rechter gebührlicher Zeit appellirt. Er führt aus: wer ein Lehngut als durch Lehnserbfolge an ihn gefallen in Anspruch nehme, müsse beweisen, dass er Genosse des Vorbesitzers sei und von demselben Helm, Schild, Namen und dem Stamm dessen, von dem das Gut zuerst erworben: dies könne Appellat nicht beweisen; auch habe derselbe Lehen und Heerschild verwirkt, weil er Bürger von Rotweil geworden und mit andern Bürgern an dem Gericht zu Rotweil Recht gesprochen, namentlich „über das Blut habe geholfen richten". Appellat macht geltend: er sei allerdings nach dem Tode des Hanns Hake zur Lehnsfolge berechtigt; insbesondere: er nenne sich zwar nur Dietrich H. und der Verstorbene H. H. von Harthausen, dies erkläre sich aber daraus, dass es gewöhnlich sei, dass Edelleute sich den Namen von einer ihrer Besitzungen beilegten oder das Helmzeichen änderten, ohne dass dadurch eine Trennung von denjenigen Stamm- und Schildgenossen stattfinde, die den alten Geschlechtsnamen allein führten; ferner: Hans H. habe ihn (den Appellaten) Vetter, den Appellanten aber immer nur Schwager genannt; endlich, er sei allerdings Bürger von R. geworden und habe als Mitglied des Raths auch am Gericht der Reichsstadt Theil genommen, aber er sei dennoch immer ein Edelmann gewesen, sich als solcher in allen Dingen gehalten nach des Reichs Recht gleich andern Rittern, die in den Städten angesessen seien. — Die Appellation wird durch Urtheil des königlichen Gerichtes verworfen: der Appellant sei in dem ersten Urtheil nicht beschwert in solchem Maasse, dass ihm Berufung und Appellation Noth gethan habe. (Mater. zur österreichischen Gesch. II. 108).

Nr. XXXVI. — 1458. — Das Kloster Kamburg hat im Jahre 1455 ein obsiegliches Urtheil zur Zahlung von 300 Gulden vor dem Hofgericht des Bischofs von Wirzburg gegen Götz von Berlichingen den Aelteren erstritten. Der Verklagte hat hiergegen appellirt. Er ist vor das Kammergericht geladen, zu sehen und zu hören, dass das Urtheil bestätigt werden solle. Beim Ausbleiben des Appellanten wird erkannt: er sei dreimal zu rufen und Appellat habe bis auf den nächsten Gerichtstag zu warten. Da der Appellant auch in diesem späteren Termin nicht erscheint, so wird das angegriffene Urtheil dem Spruche des Kg. gemäss vom König bestätigt. (Mencken: script. rer. Germ. I. Nr. CIII, CXII. S. 494, 510; das Urtheil des Kg. selbst a. a. O. Nr. CVIII. S. 504 und bei Harpprecht I. 200, ein Vidimus desselben von 1466 bei Mencken S. 508.)

Nr. XXXVII. — 1458. — Der König hat gegen das Kloster Zwiefalten vor dem Kammergericht geklagt: super reluicione certe curie, quam idem conventus a nonnullis nobilibus, qui eandem a predecessoribus (des Königs) in pignus habuerunt, eodem iure — tenebant et reluicioni locum dare recusarunt —. Das Stift ist verurtheilt worden und hat gegen das Urtheil an die päpstliche Curie appellirt, welche die Appellation zuerst auch „quod dicta causa contra personas ecclesiasticas et religiosas in iudicio seculari intentata reperitur" angenommen, dann aber doch auf Ansuchen des Königs zurückgewiesen (deductam refutavimus). Aus einem Briefe Pius II. an Friedrich den Dritten. (Birk im Archiv für Kunde österreichischer Geschichtsquellen X. S. 224.)

Nr. XXXVIII. — 1459. — Der König erkennt mit seinen Räthen in Sachen des Grafen L. von Pösing wider Anna verw. Perman und deren Sohn, als Erben des Ulrich Perman. Kläger behauptet, sein Vater habe dem zuletzt genannten U. P. die Summe von 8000 Gulden „zu behalten gegeben"; die Rückgabe sei nicht erfolgt. Die Verklagten wenden ein: sie wüssten nichts von solchem „Behaltniss", ihnen sei das Geld nicht übergeben worden, auch hätten sie es nach Tode des Erblassers nicht vorgefunden, es auch nie innegehabt noch gegenwärtig hinter sich. Es wird erkannt: wollten Verklagte ihr Anziehen in der Antwort bestätigen mit ihrem Eide, so sollten sie der Forderung und des Zuspruchs müssig sein; thäten sie das nicht, so geschehe ferner, was Recht sei. Der Eid wird sogleich in Gegenwart des Klägers geleistet.

Nr. XXXIX. — 1459. — Da Graf Heinrich IV. von Görz dem gegen ihn im Jahre 1444 ergangenen Urtheile (und dem vor Herzog Albrecht von Bayern 1447 geschlossenen Vergleiche) nicht nachgekommen, so klagt jetzt Graf Ulrich III. von Schaunberg für sich und seine Brüder gegen den Grafen Johann von Görz, den Sohn und Erben Heinrichs, aus jenem Erkenntnisse. Der Verklagte behauptet, die Unverbindlichkeit des letzteren, weil, wie er erst jetzt erfahren, die Urkunde, auf Grund deren sein Vater verurtheilt worden, — es ist die Verschreibung Meinhards VII. vom 4. Juli 1362, oben Note zu Nr. X, gemeint — gefälscht sei; er beantragt auf Grund des Rechtssatzes (so geben die recht): was auf unrecht und falsch fürbringen erlangt würd, dass solches kain kraft auf im trage und für sich selbs untuglich und vernicht were und mit recht wider abgetan werden solt, — dass die Verschreibung selbst und Alles, was Kläger auf Grund derselben erstritten, ihm gegenüber für unschädlich erkannt werde. Der Kläger hält dieses Fürbringen, nachdem das Urtheil und der Schiedspruch Herzog Albrechts ergangen, für unzulässig; es wird aber erkannt, dass Graf von Görz einen Calumnieneid leisten und dann in der Sache weiter verfahren werden solle; nachdem der Eid geschworen worden, beginnen die Verhandlungen, aus denen Folgendes als prozessualisch und privatrechtlich von Bedeutung hervorgehoben werden mag.

1. Besetzung des Gerichts. An den Sitzungen nehmen ausser dem Grafen von Hardeck fast nur Geistliche und der Rechte gelehrte Urtheiler Antheil. Vor Schluss der Verhandlungen wird Seitens des Grafen von Görz der Antrag gestellt, es sollte das Gericht, „da die sache gross wäre und einen falsch berührte", mit seinen Genossen besetzt werden, und in anderer Weise: die gegenwärtigen Urtheiler sollten sich selbst für incompetent erklären, in dieser Sache zu urtheilen. Der Kläger bestreitet die Zulässigkeit dieses Verlangens, insbesondere deshalb, weil sich der Graf von Görz vor diesem Gericht eingelassen (in das Recht gegangen), Urtheile begehrt und erhalten, Eide, die ihm auferlegt worden, geleistet habe; auch sei er, indem er die Ungültigkeitserklärung des früheren Erkenntnisses auf Grund der angeblich jetzt erst entdeckten Fälschung beantrage, recht eigentlich als Kläger und der Graf von Schaunberg als Verklagter anzusehen. Das Gericht wendet sich an den Kaiser persönlich, um sich Raths zu erholen, wie es hiermit zu halten; es erhält den Auftrag, in der Sache weiter zu verhandeln, und verkündet denn auch das Urtheil: es sei nach Lage der Sache nicht nothwendig, das Gericht anders zu besetzen. In Folge dessen weigert sich der Anwalt des Grafen von Görz seinen „endlichen" Rechtssatz zu thun, und dies hat dann die weitere Wirkung, dass dem Antrag des Grafen von Schaunberg entsprechend erkannt wird: die von S. hätten ihre Klage und Ansprache nach Inhalt der Ladung, wie sie im Gericht vorgebracht und gehört worden, gegen den Grafen J. v. G. erstanden und behabt.

2. Die Parteien erscheinen zunächst persönlich und dingen sich durch ihren erlaubten Redner an; der Graf von G. beantragt auch, ihm „Steurer und Warner" zu gestatten, wie es einem gefürsteten Grafen des Reichs gebühre.

3. Im weiteren Verlauf gibt Graf J. v. G. zwei Prokuratoren des kgl. Hofes, beiden miteinander und jedem besonders, vor offenem Gericht volle Gewalt, ihn in der Sache zu vertreten, und verspricht bei seinen fürstlichen Würden: was sie thun würden zu Gewinn und Verlust und zu allen Rechten, dabei wollte er bleiben als hätte er es selbst gethan oder gehandelt.

4. Mehrfach begehrt Graf J. v. G. Vertagung (zum Bedenken, um weitere Information einzuholen u. s. w.). Das Gericht verhält sich solchen Gesuchen gegenüber verschieden: es verwirft dasselbe ganz („man sei nicht schuldig, Zug und Tag zu geben"), oder es macht die Gewährung abhängig von Ableistung des Eides: dass er das Bedenken „ungefährlich und weil er dessen nothdürftig sei und nicht um Verzug und Verlängerung der Sache wegen nachsuche", oder es weist den Gegner an, das Bedenken zu erlauben.

5. Das Verfahren ist durchweg mündlich. Der Verklagte bringt gegen die Urkunde von 1362 zahlreiche Bedenken vor; der Kläger

bittet: ihm die vorgebrachten Artikel in Geschrift zu geben; der Antrag wird vom Gericht abgelehnt, dagegen erkannt: der Verklagte müsse sein Fürbringen wiederholen und läutern, damit der Kläger nach Nothdurft dagegen im Rechten sprechen könne.

6. Die streitige Urkunde ist dem Kammergericht durch Herzog Albrecht von Bayern verschlossen zugesandt und im Gericht niedergelegt worden. Der Verklagte beantragt, ihm Abschrift derselben zu geben; der Kläger widerspricht: es sei nicht Gewohnheit am kgl. Hofe und am Kammergericht, Abschriften von Briefen, welche im Gericht liegen, zu geben, besonders von solchen, die der Antragsteller nicht selbst hinterlegt habe. Es wird erkannt, dass man nach dem Herkommen nicht schuldig sei, die begehrte Abschrift zu geben. Dagegen werden alle, auch die zur Vergleichung der Handschriften producirten Urkunden, im Gericht vor den Parteien aufgethan, besichtigt und in Bezug auf Sigel, Datum, Unverletztheit geprüft, und sie sollen so oft gelesen werden, als es die Parteien zu ihrer Nothdurft bedürfen.

7. Für die angebliche Fälschung der Verschreibung Meinhards IV. werden zahlreiche Gründe angeführt, zumeist Aeusserlichkeiten — z. B. die mangelhafte Beschaffenheit der Sigel, die ungewöhnliche Sprache, die mangelhafte Datirung, die Anführung von Zeugen ohne Beifügung der Taufnamen u. s. w. — betreffend: es sei ein Brief in Schüler Weise, sagt einmal der Verklagte. Für die Lehre vom Urkundenbeweise vielerlei Interessantes. Ueber die Glaubwürdigkeit alter Urkunden im Allgemeinen äussert der Verklagte: ein verlegter Brief, bei 70 Jahr alt, im Gericht nie gebraucht, auch sonst nicht fürgelegt, sei an ihm selbst untauglich; doch ist die Bemerkung, als eine nur gelegentliche, nicht weiter beachtet. Die Partei des Klägers hat gegen alle Angriffe gegen die Aechtheit zwei allgemeine Einwendungen. Einmal die Verschreibung sei von dem Vater des Verklagten nie beanstandet worden, weder bei den gerichtlichen noch bei den aussergerichtlichen Verhandlungen vor dem Herzog von Bayern, auch sei dieselbe bei eben diesen Verhandlungen von Richtern und Urtheilern besichtigt worden, ohne dass je ein Zweifel an der Aechtheit hervorgetreten. Sodann aber: es sei ein aufrechter, unversehrter, unradirter, unverletzter, gerechter Brief, in redlicher gewöhnlicher Form und Sprache und trage auch im Inhalt keinen Falsch an sich; was Verklagter gegen die Urkunde einwende, sei alles unerheblich; denn es könne Niemand die Fälschung einer Urkunde anders nachweisen, als dass er beweise: es seien die Namen, die Summe des Geldes, oder das Datum des Briefes radirt, oder: es sei kein Grund und Ursache der Schuld bestimmt, oder endlich: der angegebene Grund der Schuld sei eben nicht vorhanden. — Von einzelnen Streitpunkten sei hervorgehoben:

8. Die Verschreibung sei ausgestellt in der Weise, dass Graf Meinhard, seine Gemahlin und ihre Erben bekennen; es hätte

heissen müssen: für sich und ihre Erben, denn zur Zeit der Ausstellung der Urkunde wären Erben noch nicht vorhanden gewesen. Kläger erwidern, das sei ein gewöhnlicher Ausdruck, denn sie seien der Erben wartend gewesen und was einer mit seinen Briefen verschreibe, das seien die nachkommenden Erben zu halten schuldig.

9. Die Urkunde habe nur das Sigel des Grafen M., für die Ehefrau sei kein zweites beigefügt; die Hinzufügung dieses Sigels sei nur dann nothwendig, wird erwidert, wenn die Urkunde zugleich eine ausdrückliche Verschreibung auch des mütterlichen Gutes für die ausgesetzte Ehesteuer enthielte.

10. Es seien in der Urkunde sieben Zeugen genannt, aber nur zwei mit Vornamen. Dagegen führt Kläger aus: wenn Zeugen genannt seien, so sei dies nur zur Erhöhung der Glaubwürdigkeit und Sicherheit geschehen, denn Zeugen hätten überhaupt gar nicht hinzugezogen werden müssen; ein Fürst, der eine Handveste gebe, sei nicht schuldig, Zeugen zu benennen, sondern es wäre genug, dass er dieselbe mit seinem eigenen Insigel beveste: es wäre denn eine Taidigung, da möchte man Taidigungsleute oder Zeugen in den Brief setzen.

11. Der Verklagte bemängelt den Passus der Urkunde, wonach die 24000 Gulden der Gräfin Ursula als „Heirathsgut und Morgengabe“ verschrieben seien, da es doch nicht Herkommen und Gewohnheit sei, dass der Vater der auszusteuernden Tochter eine Morgengabe verheisse, diese vielmehr der Mann der Ehefrau zu geben habe. Der Kläger bemerkt, dies sei nicht befremdlich, da die Eheberedung schon vor langer Zeit stattgefunden; ein Vater möge auch seine Tochter verheirathen mit Heimsteuer, Morgengabe oder anderem, wie das von beiden Theilen beredet werde; solches in deutschen Worten zu sagen und zu deuten, stehe im Willen derer, welche die Heirath beredeten. Der Verklagte will dies aber nicht zugestehen; es wäre wissentlich, dass es in den Ländern Oesterreich, Steyer, Kärnthen, Krain und an der Enns nicht gewöhnlich und unerhört wäre, dass ein Vater der Tochter eine Morgengabe gebe; vielmehr stände es dem Manne zu, eine solche zu geben; einer andern Auslegung sei auch das deutsche Wort nicht fähig.

12. Die Gräfin Ursula habe, führt Verklagter an, vor Ausstellung der Meinhard'schen Verschreibung über ihre Aussteuer quittirt und auf die väterliche und mütterliche Erbschaft verzichtet (siehe oben zu No. XII.); wenn ihr nun in der späteren Verschreibung ihres Vaters doch noch 24000 Gulden Heirathsgut zugesagt würden, so müsste sie ihre Aussteuer doppelt erhalten haben; beide Urkunden seien einander widerwärtig und wenn selbst die spätere Verschreibung des Grafen Meinhard ächt sei, so nähme ihr doch der Verzichtbrief alle Kraft. Dem entgegen führt dann der Kläger aus: es sei in Schwaben, Bayern und Franken gar gewöhnlich unter Fürsten und

Edlen, dass, wenn einer eine Tochter verheirathe, diese bekennen müsse, dass sie ihre Ehesteuer empfangen und auf all ihr väterliches Erb und Gut verzichte, und dass sie erst später in einer besonderen Urkunde ihre Ehesteuer zugesichert erhalte. (Chmel: Regesten 3766, Stülz: Reg. 1006; abgedruckt (sehr schlecht) aus einem Vidimus bei Senckenberg: de iudicio cam. hod. 139—190, vergl. auch Tomaschek: höchste Gerichtsbarkeit S. 71—76.)

No. XXXX. — 1460. — Wien. — Die Herzöge Wilhelm und Heinrich von Braunschweig gegen die Mitglieder des alten Raths und die Gemeinde zu Lüneburg wegen Verfolgung des neuen Raths und der Sechszig daselbst [186]). Der Antrag der Kläger geht dahin: die Verklagten sollen die Mitglieder des neuen Raths und der Sechszig, welche noch in Haft sind, entlassen, — die Verbannten zurückrufen und denselben ihre Güter wiedergeben, — wegen Ungehorsams gegen die Herzöge sollen sie in die Strafen der Reformation Friedrichs III. verfallen sein, — endlich sollen sie den Herzögen je 500 Mark reinen Goldes zahlen zur Sühne für die Hinrichtung von Johann Dallemburg und Ulrich Schayer, ehemaligen Mitgliedern des neuen Raths. Die Verklagten sind diesen Anträgen entsprechend verurtheilt worden und der König von Dänemark (mit anderen Fürsten wahrscheinlich) soll

[186]) Zum Verständniss der historischen Vorgänge vergl. Mittendorf im vaterländischen Archiv des historischen Vereins für Niedersachsen 1843 S. 144—214, 287—368. Im Jahre 1454 war der alte Rath von Lüneburg entsetzt worden und die städtische Gewalt von dem neuen Rath und dem Collegium der Sechszig usurpirt worden. Wegen der dabei vorgekommenen Gewaltthätigkeiten und namentlich der Misshandlung des alten Bürgermeisters Joh. Springintgut hatte der Kammerprokurator-Fiskal am Kammergericht gegen den neuen Rath geklagt. Auf dessen Antrag wurde Markgraf Albrecht von Brandenburg zum kgl. Commissar ernannt, um die Sache im Rechten oder in Güte beizulegen (Vaterl. Archiv 1843 S. 363, Riedel: cod. dipl. Brandenb. II. 5 S. 20), und der neue Rath hatte sich unbedingt dem Spruche, den der Markgraf oder dessen Beauftragte treffen würden, unterworfen (Archiv 364, Riedel 28 ff.). Nach diesem Spruch nun mussten die Mitglieder des neuen Raths und die Sechszig die Stadt verlassen und über U. Schayer und H. Dallemburg sollte der wieder eingesetzte alte Rath richten lassen: sie wurden zum Tode verurtheilt und am 9. Juni 1458 enthauptet. Die Herzöge Heinrich und Wilhelm von Braunschweig nahmen sich aber des neuen Raths an, weil dieser ihnen die Stadt zum Nachtheil der rechtmässigen Herren, Bernhard und Friedrich von Lauenburg, hatte übergeben wollen. Sie erstritten, wie es scheint beim Ausbleiben des alten Raths, das im Text erwähnte Urtheil. Rath und Stadt fügten sich aber nicht und wurden deshalb am Kammergericht in des Reiches Acht und Oberacht verurtheilt; als auch dies sie nicht beugte, wurde 1466 der Herzog Ernst von Sachsen beauftragt, als Feldhauptmann des Reichs die Acht zu vollstrecken (Chmel: Reg. Friedrichs III. Nr. 4544; Lünig: R. A. IX. 259).

den Klägern zur Ausführung des Urtheils beholfen sein; er möge sorgen, dass Vermögen und Güter der Lüneburger überall mit Beschlag belegt (— bona — invadi, detineri, capi, sequestrari et pro nobis, den König, et sacro Romano imperio arrestari), ihnen selbst aber jede Hülfe und Unterstützung entzogen werde, bis sie den Herzögen genug gethan und in des Reiches Gnade zurückgekehrt sein würden. (Aus einem Schreiben Friedrichs III. an Christian von Dänemark, mitgetheilt von Birk im Archiv für Kunde oesterr. Geschichtsquellen XI. S. 157.)

No. XXXXI. — 1465. — Neustadt. — Graf Schaffrid von Leiningen ist während er im kaiserlichen Geleite reiste von den Herrn von Lichtenberg überfallen, beraubt und in harter Haft gehalten worden. Auf Klage des Kammerfiskals sind deshalb die von Lichtenberg verurtheilt worden in die Poenen und Bussen, welche die goldene Bulle, die Reformationen Karls IV. und Friedrichs III. und die geschriebenen Rechte vorschreiben; insbesondere sind sie auch in des Reiches Acht und Oberacht gekündet worden. Gleichzeitig ist denen von Lichtenberg befohlen worden, den Grafen Schaffrid sofort der Haft zu entlassen ohne Entgeltung und ihn aller Verpflichtungen und Gelöbnisse, die er ihnen gegenüber etwa gethan, ledig zu sagen. Diesem Gebote, klagt jetzt der procurator fiscalis, hätten sich die Herren von Lichtenberg nicht nur nicht gefügt, sondern sie hätten den Gefangenen zu neuen, sehr drückenden Verschreibungen gezwungen. Deshalb sind sie abermals vor das Kammergericht geladen, und mit ihnen der Pfalzgraf Friedrich, Herzog Ludwig von Veldenz, mehrere Edle und der Rath der Stadt Strassburg; diese hätten vom Kaiser den Befehl erhalten, das gegen die Brüder von Lichtenberg ergangene Urtheil ausführen zu helfen, hätten dies aber nicht gethan, sondern vielmehr die von L. in der mannigfachsten Weise unterstützt, in ihrem Ungehorsam bestärkt, und sogar die Verschreibungen, zu denen Graf Sch. gezwungen worden, an sich gebracht, sich von demselben Urfehde schwören lassen u. s. w.: sie hätten sich dadurch, führt der Fiskal aus, zu socios criminis et muneris (in der verhandlung und in der gab) gemacht. Wegen dieser Missachtung kaiserlicher Befehle und Beleidigung der Majestät müssten alle Betheiligten zur Rechenschaft gezogen werden; dies könne aber erst geschehen, wenn der Fiskal über alle einzelnen Vorkommnisse gehörig informirt sei; die Information könne nur Graf Schaffrid selbst geben und der vermöge es nicht zu thun wegen der harten Pflichten, Gelübde und Verschreibungen, welche er den Anzuklagenden gegenüber habe eingehen müssen.[187]) Daher hat

[187]) Zum Verständniss der historischen Vorgänge vergl. Kremer: Geschichte Friedrichs des Ersten von der Pfalz S. 373 ff. Die Vorverhandlungen am Kammergericht, auf welche der Fiskal Bezug nimmt, sind nicht

der Fiskal gegenwärtig nur den Antrag gestellt, das Kammergericht wolle 1) alle dem Grafen Sch. abgenöthigten und abgedrungenen Gelübde, Verschreibungen und Verpflichtungen für untauglich, kraftlos und nichtig erklären, 2) den Grafen Sch. veranlassen, den Fiskal behufs weiterer Klage ausreichend zu unterrichten. Zur Verhandlung über diesen Antrag sind die von Lichtenberg, der Pfalzgraf, der Rath zu Strassburg u. s. w. vorgeladen. Erschienen sind nur der Bevollmächtigte des Pfalzgrafen und eine Botschaft der Stadt Strassburg. Die letztere erklärt sich bereit, die im Besitz der Stadt befindlichen Verschreibungen dem Kaiser sofort auszuliefern, und wird daher der Rath „der Klage ledig und müssig gesetzt." Die Verhandlung bewegt sich also nur zwischen dem Fiskal und dem Machtboten des Pfalzgrafen.

Beide dingen sich im Rechten an, der letztere aber nur, „um seines Herrn Befehle zu überbringen"; er hat auch nur Gewalt, gegen das ganze Verfahren zu protestiren; er soll nur ausführen, weshalb der Pfalzgraf nicht schuldig sei, auf die ergangene Ladung zu erscheinen. Darum erklärt der Fiskal: was der Bevollmächtigte immer vorbringe, könne, da es nur „ausserhalb Rechtens und ohne volle Gewalt gesprochen", keine Berücksichtigung finden. Auch das Gericht erkennt die Vollmacht nicht als genügend an und es ergeht das Urtheil: es solle dreimal gerufen werden, ob jemand von des Pfalzgrafen wegen da sei mit voller Gewalt auf die Klage zu antworten; erscheine Niemand, so solle der Kläger sechs Tage warten, ob jemand von seinet-

bekannt, auch vermag ich nicht nachzuweisen, wie die Stadt Strassburg, der Graf von Saarwerden und andere im Urtheil als Verklagte Genannte sich an den Handlungen der Lichtenberger betheiligt haben. Was aber den Pfalzgrafen anbetrifft, so lag die Sache so. Dem kgl. Befehl entgegen war Graf Schaffrid nicht ohne Entgelt und Schätzung der Haft entlassen, sondern er hatte sich mit verschiedenen Gütern loskaufen müssen, welche kurpfälzische Lehen waren: der Pfalzgraf hatte dazu auf Bitten des Grafen Sch. seinen lehnsherrlichen Consens ertheilt. Diese Güter, auf deren Rückforderung Graf Sch. noch ausdrücklich verzichtete, überliess der Lichtenberger dann wieder gegen einen Preis von 14000 Gulden an den Pfalzgrafen und Herzog Ludwig von Veldenz. Graf Sch. aber verschrieb sich dem Pfalzgrafen und gelobte eidlich, dass er deswegen nicht klagen, auch niemals etwas gegen denselben unternehmen wolle; in wiefern bei diesen letzteren Akten ein Zwang geübt worden, lässt sich nicht feststellen, bei der Ueberlassung der Güter an den Lichtenberger vor Entlassung aus der Haft und dem dabei ausgesprochenen Verzichte wird mit Sicherheit an Gewalt zu denken sein. Alle diese Verschreibungen, Verzichte und Gelöbnisse werden durch das im Text mitgetheilte Urtheil für unwirksam erklärt. Der Pfalzgraf beschwerte sich hierüber in einem Schreiben an den Kaiser vom 15. März 1466: Müller: Reichstagtheater II. 205, Kremer I. 375, Regesten zur Geschichte Friedrichs des Siegreichen in den Quellen zur bayerischen Geschichte II. S. 427 ff. — Im folgenden Jahre wurde dann auf Herausgabe der vorerwähnten Güter geklagt.

und der andern wegen noch zum Gericht käme. An dem folgenden Gerichtstage erscheinen die Verklagten nicht und es wird deshalb überall nach den Anträgen des Fiskals erkannt. — Bemerkenswerth folgende Punkte:

1) Der Pfalzgraf brauche sich auf die Klage nicht einzulassen, führt sein Bevollmächtigter aus, weil er nicht geladen sei, wie einem Fürsten gezieme und wie es am kgl. Hofe in Sachen des Markgrafen Albrecht Achilles wider Nürnberg anerkannt worden. Denn würden die in seinen Händen befindlichen Verschreibungen des Grafen Schaffrid für nichtig erklärt, so würde daraus zu folgern sein, dass er sie nicht redlich erworben; die Klage berühre also des Pfalzgraf Ehre und Glimpf und zur Beantwortung einer solchen Klage müsste ein Fürst dreimal geladen werden, zuerst durch einen Fürsten, dann durch einen Grafen oder gefürsteten Abt, zuletzt durch einen Rittermässigen. Nach dieser seiner Freiheit sei er nicht geladen und auf die in anderer Weise ergangene Ladung sei er nicht zu antworten schuldig [188]).

2) Der Fiskal erwidert: die Ladung sei ordnungsmässig vom König, als dem ordentlichen Richter des Pfalzgrafen, ergangen und letzterer sei ebenso wie der Geringste im Reich dem Gerichtszwange des Königs unterworfen. Die „Freiheit", welche in Anspruch genommen werde, werde nicht zugestanden, weil sie nur angezogen und nicht fürgebracht sei; würde sie aber auch fürgebracht, so wäre doch „die Oberhand, das ist die kgl. Majestät" nach Auslegung und Interpretation aller Rechten ausgenommen. — Das Gericht selbst nimmt auf die Ausführung des Verklagten ebenfalls keine Rücksicht, weil sie „im Recht nicht fürgebracht sei".

3) Als Gründe für die Nichtigkeitserklärung der Verschreibungen führt der Fiskal nicht nur den Zwang an, welchen Graf Schaffrid erlitten, sondern macht auch den Umstand geltend, dass die Herren von Lichtenberg längst schon in des Reiches Acht und Oberacht gekündigt und deshalb überhaupt nicht im Stande gewesen seien, irgend welche Verpflichtungen oder Gelübde von irgend jemand anzunehmen [189]). In Beziehung auf die Wirksamkeit der erzwungenen Willenserklärungen aber bemerkt der Fiskal: „sie seien aus eigener Natur und von Recht kraftlos und ob einer so liederlich wäre und solche zu halten vermeine, so sei ihm zum Hass seiner Liederlichkeit von Recht solches verboten"; der König hätte die Verschreibungen aus eigener Machtvollkommenheit aberkennen und vernichten mögen und es sei nur Gnade, wenn er überhaupt eine rechtliche Verhandlung veranlasst habe. (Lünig: R.-A. XXII. 398, Harpprecht I. S. 202.)

[188]) Vergl. Reichshofgericht II. 105 ff., 221 ff. und meine das. angeführte Schrift über Albrecht Achilles und die Nürnberger, Berlin 1866.

[189]) Vergl. Franklin: Sententiae Curiae Regiae Nr. CCLXVII und ff.

Nr. XXXXII. — — 1465. — Neustadt. — Joram von Weilstorf hat gegen mehrere Bürger preussischer Städte und gegen die Städte Thorn, Danzig, Köln u. a. vor dem königlichen Commissarius, Herzog Heinrich von Mecklenburg, die Summe von 41,000 Gulden erstritten. Die Verklagten haben sich nicht gefügt, worauf nach Erkenntniss des Kammergerichts der Kaiser das Urtheil bestätigte. Da die Verkl. im Ungehorsam verharren, so werden sie in die Acht gekündet und zahlreichen Fürsten und Städten geboten, dem Kläger als Exekutoren und Vollführer des Rechten beholfen zu sein, mit den Aechtern aber keinen Verkehr zu haben u. s. w. (Chmel: Regesten Nr. 4183.)

Nr. XXXXIII. — 1465. — Neustadt. — Der Kaiser hat einem Peter Schrayer eine Pfründe bei der Stuhlbrüderschaft zu Speyer verliehen. Die Brüderschaft und deren Propst, Eberhard Pfeil, haben ihm die Zulassung verweigert. Auf Antrag des Kammerprokurator-Fiskals hat das Kammergericht alle Zinsen, Renten, Gülten und Nutzungen der Verklagten im ganzen Reich mit Beschlag belegt (niedergelegt, bekümmert, arrestirt und verhefftet) und Befehl ertheilt, dieselben so lange zurückzuhalten, bis die Verklagten dem Kaiser und Reiche Busse gethan wegen ihres Ungehorsams und den P. S. in die Pfründe werden eingesetzt haben. Nach Verkündigung dieses Kammergerichtsurtheils ist den Verklagten durch kgl. Mandat nochmals aufgegeben worden, den P. S. klaglos zu stellen und wegen des Ungehorsams Busse zu zahlen an das Reich. Da auch dieser Befehl unbeachtet geblieben, werden nunmehr mit Urtheil Exekutoren bestellt, welche unter Androhung einer Strafe von 50 Mark Goldes angewiesen werden, die Renten etc. niederzulegen u. s. w., und von des Reichs und des P. S. wegen anzugreifen und innezuhalten. (Harpprecht I. Nr. XXXIX. S. 214.)

Nr. XXXXIV. — 1465. — Neustadt. — Sigismund von Sensheim hat verschiedene der Jurisdiction der Stadt Nürnberg unterworfene Personen vor sein Gericht geladen. Die Stadt wollte gegen die an letzterem ergangenen Urtheile durch Notar und Zeugen an den König appelliren, Sigismund von S. aber hat diese gefangen gesetzt, gemartert und zu harten Verschreibungen genöthigt. Wegen dieser Verachtung kaiserlicher Obrigkeit und Gerichtsgewalt und der Verletzung der Privilegien der Stadt hat ihn der Kammerprokurator-Fiskal vor das Kammergericht laden lassen. Da der Verklagte nicht erscheint, so wird dem Antrage des Fiskals entsprechend erkannt, dass derselbe gefallen sei in „die Busse und Poen der Beleidigung kaiserlicher Majestät, zu Latein genannt crimen laesae maiestatis, der geschriebenen Rechte und der in den Nürnberger Privilegien bestimmten

Strafen. (Harpprecht I. Nr. XXXVII. S. 210; die weiteren auf dieselbe Sache bezüglichen Urkunden bei Lünig: Reichsarchiv XIV. 135—38.)

Nr. XXXXV. — 1465. — Neustadt. — In einem Prozess des Klosters Benedictbeuren gegen Johann Propst zu Schlechdorf behauptet der Abt des Klosters: der Verklagte habe im Kochelsee, an Enden, wo er, der Kläger, eine Gerechtigkeit habe, in deren Gewere er sich befunden zur Zeit des Beginns des Prozesses, während der Dauer des Rechtsstreits gefischt und damit „Attemptata und Neuigkeit begangen". Es wird erkannt: Kläger habe diese Behauptung zu beweisen innerhalb 18 Wochen und 9 Tagen. Der Beweis soll erhoben werden vor dem Abt von Tegernsee als kgl. Commissarius; dieser soll Termin ansetzen, die Zeugen laden, auch den Verklagten, damit dieser der Vernehmung beiwohnen und anführen könne, was er wider deren Person zu erinnern habe; gegen solche, welche sich weigern, Zeugniss zu geben, soll mit ziemlichen und billigen Poenen des Rechten vorgegangen werden; die Fragen und Aussagen der Zeugen sind aufzuzeichnen und die Schrift unter dem Sigel des Commissars verschlossen an das Kammergericht zu senden. (Chmel: Reg. Nr. 4150, Monumenta Boica VII. 208 fg.)

Nr. XXXXVI. — 1466. — Neustadt. — Graf Schaffrid von Leiningen wider den Herzog Ludwig von Veldenz. Der Verklagte ist nicht anwesend; dreimaliges Rufen; der Kläger soll drei Gerichtstage warten. Als der Pfalzgraf auch dann nicht erscheint, wird dem Rechtssatz des Klägers entsprechend dahin erkannt: dass der Verkl. schuldig, dem Kläger diejenigen Güter, welche er gezwungen dem von Lichtenberg abgetreten und welche der Herzog dann erworben[190]), mit Bekehrung aller davon gezogenen Nutzungen, Schäden und Kosten herauszugeben, und ihm auch die darauf bezüglichen Verschreibungen, Verpflichtungen und Verzichte auszuantworten. (Lünig: R.-A. XXII. 406.)

Nr. XXXXVII. — 1467. — Die Stadt Weissenburg im Nordgau hat beim Kammergericht geklagt, dass sie wider ihre Freiheiten von Hans Rechlein vor die westfälischen Femgerichte geladen und dort verurtheilt worden sei. Da Verkl. ungehorsam ausbleibt, wird zu Recht erkannt: dass die Stadt W. ihre Klage und Spruch nach Inhalt der Ladung und wie sie ihr Anwalt im Gericht bestimmt, erstanden habe

[190]) Siehe oben Note zu XXXXI. Auch gegen den Pfalzgrafen Friedrich stellte Graf Sch. von Leiningen eine gleiche Klage an, doch hatte dieser schon im März 1466 gegen die Vorladung protestirt: Lünig a. a. O. 404, 5.

und dem entsprechend H. R. in die Strafen verurtheilt worden sei, welche die sog. Reformation Friedrichs III. und die Privilegien der Stadt gegen derartige unberechtigte Evocationen festsetzen; die an den Freistühlen gefundenen Urtheile werden gleichzeitig für kraftlos, untauglich und nichtig erklärt. (Senckenberg: von der kayserlichen höchsten Gerichtsbarkeit, Anhang Nr. XXVIII. S. 69 fgg.)

Nr. XXXXVIII. — 1469. — Der Kammerprokurator-Fiskal gegen die schweizerischen Eidgenossen. Sie hätten den Herzog Sigismund von Oesterreich, obwohl sich derselbe ihnen zu Recht erboten, und obwohl der Kaiser ihnen ausdrücklich jede Selbsthilfe untersagt habe[101]), mit Heeresmacht überzogen, verschiedene Schlösser und Herrschaften weggenommen, mit Mord, Brand, Raub u. s. w. beschädigt; dadurch hätten sie sich schuldig gemacht aller Strafen, mit welchem solche Handlungen im geschriebenen Recht, in der goldenen Bulle, der Reformation von 1442 und dem Landfrieden von 1467 bedroht[102]) seien.

[101]) Als letzte Ladung in dieser Sache ist die Urkunde vom 25. Mai 1469 (Fontes a. a. O. 342) anzusehen. Dort werden alle Beschwerdepunkte gegen die Eidgenossen zusammengefasst und insbesondere in der Fortsetzung der Fehde nach der Einleitung des gerichtlichen Verfahrens am kgl. Hofe eine Verachtung der kgl. Majestät gefunden. Der Fiskal hätte am Hofe auseinandergesetzt, dass in dieser Sache in Gemässheit der Constitution Heinrichs VII. Ad reprimenda multorum facinora (1313 Legg. II. 544) zu verfahren sei. Dem entsprechend könnte gegen die Eidgenossen ohne Weiteres auf Grund der früheren Ladung verhandelt werden, aber „von Ueberflüssigkeit“ werden sie noch einmal geladen und zwar mit Frist von dreimal 15 Tagen: der 45. Tag sei peremtorisch.

[102]) Die sog. Reformation von 1442 (siehe Reichshofgericht I. 368) lässt Fehden noch unter denselben Bedingungen zu, welche aurea b. c. XVII. vorschreibt. Der Landfriede von 1467 aber suspendirt für die Dauer von fünf Jahren diese Bestimmungen der früheren Reichsgesetze und verbietet die Fehden unter allen Umständen (Chmel: Reg. II. Anhang S. CLXXIX.); Zuwiderhandlungen sind mit Geldbussen und allen Strafen des crimen laesae maiestatis bedroht, auch soll der Schuldige ipso facto in Acht und Oberacht gefallen sein. Die Eidgenossen sind aber nicht nur des Bruchs des Landfriedens angeklagt, sondern sie werden auch beschuldigt, ihre Gewaltthätigkeiten „im hangenden Recht“ fortgesetzt zu haben: deshalb behält sich der Fiskal weitere Klage vor (Fontes a. a. O. 367). — Neben diesem Strafprozess beschäftigte im Jahre 1469 den königlichen Hof noch ein anderer Handel zwischen Herzog Sigismund und den Eidgenossen. Letztere hatten, obwohl sie schon zur Verantwortung vor den König geladen und Inhibitorien an sie erlassen waren, die Fehde gegen den Herzog fortgesetzt und ihn zu Vergleichen und Gelöbnissen genöthigt. Der Fiskal focht dieselben, als mit Gewalt und gegen den Landfrieden und den kgl. Befehl erzwungen, als nichtig an und der König ging hierauf auch ein; da die Schuld der Eidgenossen offenbar und kundlich sei, Verhörung der Parteien also nicht Noth thue, so erkläre er jene aus „römischer kaiserl. Machtvollkommenheit“ für kraftlos, nichtig und untauglich in und ausser Gericht; gegen diese Declaration sei so wenig ein Auszug oder eine Exception zuzulassen, als sei

Beim Ausbleiben der Verklagten wird erkannt, dass der Fiskal seine Klage und Sprüche, nach Inhalt der Ladung und wie er sie im Gericht bestimmt habe, behabt und erstanden habe, die Eidgenossen in die erwähnten Strafen gefallen seien, und dem Fiskal Gebotbriefe und Prozess des Rechten, auch Schirmer und Exekutoren zu geben seien. (Das Urtheil vom 3. Aug. 1469 in den Fontes rerum Austriacarum II. S. 361; siehe auch die Schirmbriefe von demselben Tage das. 364.)

Nr. XXXXIX. — 1469. — Der Bischof Reinhard von Worms wird verurtheilt, dem Grafen E. von Leiningen gewisse vom Stifte zu Lehn gehende Güter, die dem Kläger als Lehnserben seines Vaters angefallen, herauszugeben, ihm auch 10,000 Gulden an Schäden und Kosten zu erstatten. (Nur bekannt aus dem an den Bischof gerichteten Gebotsbriefe: Reg. 5659, Lünig: R.-A. XXIII. S. 1825.)

Nr. L. — 1472. — Durch ein schriftlich abgefasstes Urtheil des Kg. wird eine vor demselben verhandelte Klage des Eberhard von Eppenstein gegen Caspar Reinprecht zur Entscheidung an den Burggrafen von Gellenhausen verwiesen. (Goldast: Reichssatzungen II. 168; Lünig: R.-A. XII. 3. 194.)

Nr. LI. — 1472. — Neustadt. — Urtheil des Kammergerichts in Sachen Ludwig Meuting von Augsburg, Klägers und Appellanten, wider den Markgrafen Rudolf von Hochberg, Verklagten und Appellaten. — Kläger hat dem Grafen Wilhelm von Hochberg, dem Vater des Verklagten, 300 Gulden Darlehen gegeben und wegen dieser Summe gegen denselben am Hofgericht zu Rotweil ein obsiegliches Erkenntniss erstritten; auch ist ihm in weiterer Verfolgung der Sache Anleite „auf des Grafen Wilhelm Güter“ ertheilt worden. Darauf ist Graf Rudolf von H. vor dem Hofgericht zu Rotweil erschienen und hat Aufhebung der Anleite gefordert, weil die Güter, auf welche dieselbe ertheilt worden, ihm, dem Grafen Rudolf, vor länger als 20 Jahren übergeben worden und er dieselben seitdem in ruhigem Gebrauch, Nutz und Gewere gehabt habe. Der Kläger hat diese Uebergabe als zu Recht nicht beständig und für ihn nicht verbindlich angefochten, das Hofgericht zu Rotweil hat aber die früher ertheilte Anleite aberkannt, dem Kläger jedoch seine Forderung gegen den Grafen Wilhelm vorbehalten. Hierdurch fühlt sich Kläger beschwert, appellirt

sie mit Berufung der Parteien und Erkenntniss des Rechten ergangen: alle und jeglich abgang und gebruch, so sich villeicht form oder zierlichkeit halb der gerichte und rechten in diser declaration und aberkennung mochten begeben haben, von — kayserlicher machtvollkommenheit — erfüllend. (Fontes a. a. O. 236 fgg., 242, 345, 347 fgg., 354.)

an das Kammergericht und beantragt zu erkennen, dass er wohl appellirt, dass am Hofgericht übel geurtheilt, und dass ihm Schäden und Kosten zu erstatten. Verklagter beantragt dagegen, zu erkennen: dass das Hofgericht wohl gesprochen, dass davon übel appellirt, dass Appellant auch schuldig sei, ihm die Kosten der Appellation nach Mässigung des Kammergerichts zu ersetzen. Nachdem Beweis erhoben worden, erkennt das Kammergericht dem Antrage des Appellaten entsprechend, dass das angefochtene Urtheil bei Kräften bleiben solle. Hervorzuheben Folgendes:

I. Der Appellant stützt seinen Angriff darauf, dass Graf Rudolf von H. behauptet habe, die in Rede stehenden Güter seien ihm übergeben worden. Diese Uebergabe sei aber kraftlos, denn sie sei geschehen, als der Sohn noch in des Vaters Gewalt gewesen, — ferner sie sei vorgenommen zum Nachtheil der Gläubiger, — endlich sei der Vater noch am Leben und eine Abtheilung der Kinder hätte nicht stattgefunden; darum könne auch dem Appellaten kein rechtlicher Possess zugestanden werden. Dagegen führt der Appellat nun aus: sein Antrag, die Anleite aufzuheben, sei niemals auf die Behauptung gegründet worden, er habe durch die Uebergabe das Eigenthum der Güter erworben, sondern er hätte sich immer nur berufen „allein auf die possess und gewer und nit auf das eigenthumb, wer auch darauf zu antworten nicht schuldig, denn possess und eigenthum möchten bey einander nit gemein sein“; er stütze sich auf den Satz, dass „niemandt on recht aus einer gewer getrungen werden sollte“, was dadurch geschehen sei, dass dem Ludwig Meuting ohne sein, des Appellaten, Wissen und ohne seine Zuziehung zur Verhandlung Anleite ertheilt worden auf Güter, die er in ruhiger Gewere gehabt habe. Das Kammergericht schliesst sich dieser Auffassung des Rechtsstreits an und erkennt, da die Gegenpartei den ruhigen Besitz nicht zugesteht, dahin, dass der Markgraf „die Gewere, wie sie der Anwalt desselben im Gericht angezogen, zu beweisen habe, als zu Recht genug sei“.

II. Der Beweis soll geführt werden in 24 Wochen und 12 Tagen. Zum Commissarius wird durch Urtheil der Bischof Johannes von Basel ernannt. In dem kaiserlichen Commissorium wird ihm aufgegeben, auf Erfordern des Markgrafen die von diesem benannten Zeugen vorzuladen, zu verhören, zu vereiden und durch billige und ziemliche Poenen des Rechten zur Abgabe ihrer Kundschaft zu zwingen; die Gegenpartei des Markgrafen soll von dem Termin zeitig genug benachrichtigt werden, damit sie erscheinen, der Verhandlung beiwohnen, Einreden gegen die Zeugen erheben, Interrogatoria und Fragstücke geben könne u. s. w.

III. Auf Anrufen des Markgrafen wird dem entsprechend Ludwig Meuting geladen; die Ladung wird schriftlich ausgefertigt und durch einen geschwornen Boten des Bischofs insinuirt. Der Bote bekundet auf seinen Amtseid, dass er die Ladung dem L. Meuting persönlich behändigt habe.

IV. Bei der Verhandlung vor dem Bischof ist L. Meuting durch Vitus Fackler vertreten; der Markgraf hat seinen obersten Amtmann, Wilhelm von Reuss, ferner Hans von Flachslanden und drei andere Personen beauftragt, es erscheint aber nur der zuerst Genannte; beide Vollmachten sind schriftlich und von den Parteien und je einem Solennitätszeugen besigelt; für den Anwalt des Markgrafen tritt Peter von Andlau, Lehrer in geschriebenen Rechten und Propst zu Lauterbach, als Redner auf.

V. Der Markgraf will, dass der genannte H. v. Flachslanden nicht als sein Anwalt angesehen, sondern als Zeuge vernommen werden solle; der Gegner widerspricht, da derselbe doch einmal in der Vollmacht als Anwalt bezeichnet sei. Da die Parteien hierüber Läuterung und Erkenntniss vom Commissarius begehren, so erkennt derselbe, dass das Zeugniss des H. v. F. zuzulassen, sofern derselbe die in seiner Abwesenheit auf ihn ausgestellte Vollmacht nicht angenommen habe und nicht annehmen wolle.

VI. Der Anwalt des Markgrafen benennt die Zeugen, beantragt dieselben zu vereiden und entlässt diejenigen, welche dem Markgrafen verpflichtet oder zugewandt seien, für den gegenwärtigen Fall dieser ihrer Pflicht. Der Anwalt des Gegners überreicht schriftlich etliche Fragstücke.

VII. Mehrere der Zeugen wollen den Zeugeneid nicht leisten. Diejenigen nämlich unter den Rittern und Knechten, welche vom Reich oder andern Herren belehnt sind, meinen: sie seien von Alters her so gefreiet, dass sie ihre Aussagen nur auf den Eid zu nehmen hätten, so sie ihren Herren um Mannschaft, Dienst oder Rath abgeleistet. Die Parteien wollen sie aber vom Schwören nicht entbinden und die Zeugen lassen sich auch belehren, dass sie durch Abgabe des Eides an ihren Rechten und Freiheiten keinen Schaden erleiden würden. Sie schwören darauf — die Laien mit erhobener Hand und gelehrten Worten zu Gott und den Heiligen, die Priester auf das Evangelium —, in der Sache die Wahrheit zu bekunden. Die Vereidung und die folgende Zeugenvernehmung geschieht durch zwei geschworne Notarien des bischöflichen Hofes, zuerst auf die Fragstücke des Appellanten, dann auf die Artikel des Markgrafen; die Zeugnisse werden von Wort zu Wort niedergeschrieben.

VIII. Die Interrogatoria des Appellanten betreffen zunächst die persönlichen Verhältnisse der Zeugen; ob sie in Acht und Bann, ob sie dem Markgrafen zugewandt sind und in welcher Weise. Dann eine Reihe von Fragen, durch welche eben die Uebertragung der Güter als unkräftig dargestellt werden soll. Weitere Fragen zu stellen wird dem Ermessen des Commissars anheimgegeben. Die Artikel des Markgrafen betreffen lediglich den Besitzstand und Besitzhandlungen; der Anwalt verwahrt sich noch ausdrücklich: dass er sich durch die übergebenen Artikel nicht zu unnöthiger Beweisung verpflichten wolle.

IX. Die Zeugenvernehmung folgt genau den beiderseitigen Fragstücken. Die Notare bescheinigen durch Unterschrift die Richtigkeit der Niederschrift. Die gesammten Schriftstücke werden dann verschlossen und durch einen vereideten Boten des Bischofs an das Kammergericht gesendet. Dort werden die Akten in Gegenwart der Parteien eröffnet und vorgelesen und demnächst in der Sache selbst erkannt wie oben angegeben. (Das Urtheil vom 23. October 1472 bei Harpprecht I. 249—54, die Commissionsakten das. 225—48).

Nr. LII. — 1473. — Der Kammerprokurator-Fiskal Georg Ehinger, Lehrer der Rechte, hat gegen Bürgermeister, Rath und Gemeinde von Memmingen wegen verschiedener Unordnungen in der Stadtverfassung, Conspirationen, Missbräuche bei der Verwaltung u. s. w. geklagt. Die ersten Verhandlungen in der Sache sind nicht bekannt. Beiden Theilen ist Beweis auferlegt worden. Die verklagte Partei hat dem Beweisurtheil Genüge geleistet und beantragt die Akten, wie sie von dem mit der Beweisaufnahme beauftragten Commissarius an das Gericht eingesendet worden, zu öffnen, zu verhören und dann zu erkennen, was Recht sei. Der Vertreter des Fiskalamtes widerspricht; er habe den ihm auferlegten Beweis wegen Verhinderung des Commissars noch nicht erbringen können; die Beweise beider Parteien müssten gleichzeitig eröffnet werden. Darüber wird lange verhandelt; als schliesslich die Beweisakten auch Seitens des Fiskals vorgelegt werden, wird erkannt, dass sich die Parteien über die Zeugenaussagen in Schriften äussern sollten. Die Schriften gehen endlich, nachdem die Vertreter der Stadt mehrfach über arge Verzögerung der Sache Seitens des Fiskals Beschwerde erhoben, bei dem Gerichte ein. Nunmehr wird über die einzelnen Artikel der Klage in mehreren Gerichtssitzungen mündlich verhandelt. Auf zwei Artikel können sich die Anwälte der Stadt wegen mangelnder Information nicht ausreichend äussern, halten sich auch nicht dazu verpflichtet; das Gericht erkennt aber, sie müssten sich erklären, es sollte ihnen aber Frist dafür bewilligt werden, wenn die Anwälte einen Eid dahin leisteten, dass sie die zwei Artikel „an ir frunde nicht bracht und darauf zu antwurtten kein berichtung von ine empfangen haben"; leisteten sie den Eid nicht, so werde dann weiter erkannt werden, je nachdem sie die Klage auch rücksichtlich dieser beiden Punkte beantworteten oder nicht. Auch hierüber wieder lange Verhandlungen; endlich leisteten die Anwälte den Eid, aber nur auf eine (nicht bekannte) Declaration desselben hin. Zu „manchem Male" erscheinen nun die Vertreter der Stadt vor dem Kammergericht und begehren, da alle andern Artikel der Klage längst erörtert und zu rechtlicher Entscheidung gesetzt seien, so sollten doch jene endlich rechtlich erledigt werden; immer aber widerspricht der Fiskal, weil alle Artikel zusammengehörten. „Nach langem Anrufen und Bedacht“ erkennt das Kammergericht endlich, dass die Verklagten „von den Pönen und Bussen dreier Artikel, wie sie in der Klage bestimmt seien, mit Urtheil und Recht zu entledigen und zu absolviren, und was in denselben und anderen Artikeln Ordnung, Obrigkeit und Regiment berühre, sei zu Willen und Gefallen kaiserlicher Majestät zu stellen.“ (Das Urtheil vom 3. Februar 1473 in den Mon. Habsb. III. 479—502; von der Anklage wegen der beiden noch reservirten Punkte wurde die Stadt am 6. Juli 1473 frei lediglich absolvirt und entledigt: Reg. 6752.)

Nr. LIII. — 1473. — Kraft Graf von Hohenlohe gegen die Stadt Speyer wegen Herausgabe einer Nachlassschaft. Jakob von Nürnberg, Bürger zu Speyer, ist angeblich ohne Hinterlassung von Intestaterben und ohne eine letztwillige Verfügung getroffen zu haben, gestorben und sein Nachlass als erbloses Gut von der königlichen Kammer in Anspruch genommen. Der König hat über den gesammten Nachlass zu Gunsten des Grafen von H. verfügt und der Stadt befohlen, demselben alles hinterlassene Gut auszuantworten. Die Stadt weigert sich dessen, indem sie geltend macht, der Verstorbene habe über sein Vermögen zu Gunsten des Hospitals in ihrer Stadt letztwillig verfügt, wozu er nach den Privilegien der Stadt unzweifelhaft berechtigt gewesen. Der Kläger behauptet zunächst, die Gegenpartei habe sich nach Insinuation der Klage verschiedener Neuerungen und Attemptata schuldig gemacht, die zuvörderst abgethan werden müssten, ehe weiter verhandelt werden dürfe, — das Kammergericht erkennt aber, nachdem Seitens der Stadt die Vornahme von Attentaten bestritten, dass Kläger schuldig sei, sofort seine Klage, wie sie in der Ladung bestimmt sei, zu vollführen.

Der Streit bewegt sich hauptsächlich um die Rechtsbeständigkeit der vom Erblasser getroffenen letztwilligen Disposition. Die Stadt legt zwei Urkunden vor, welche sie als ein „aufrichtig, ehrbar und redlich Testament“ bezeichnet. In der ersten, aufgenommen vor Richter und Rath der Stadt, werden Seelwärter eingesetzt und ihnen Macht gegeben, Hab und Güter des Erklärenden dahin zu geben, wohin sie nach weiterer Bestimmung gelangen sollten, — in der andern, zehn Jahre später vor Schultheiss und Gericht ausgestellt, wird bestimmt, wie und wem die Güter vertheilt werden sollten. Beide Erklärungen, bei gesunden Leibes- und Geisteskräften abgegeben, seien als ein nicht zu sondernder Akt anzusehen, der auch in Beziehung auf die Form gerecht sei, weil nach Gewohnheit und Freiheit der Stadt Speyer letztwillige Verfügungen in dieser Form zu machen seien[193]), eventuell wird geltend gemacht, dass der Erblasser ad pios usus sein Vermögen gegeben, in welchem Falle nach Sag der Rechten auf „die Form und Strengigkeit der Rechten“ nicht zu halten sei.

Der Kläger sucht nun nachzuweisen, dass nach „anzeigung der beschriebenen Rechte“ diese Dispositionen keine Kraft und Macht haben könnten:

1) der Erblasser habe kein Testament machen können, weil er unehelich geboren gewesen und infamis, sowie unredlichen Wesens beleumdet gewesen, indem er in bestehender Ehe ein aussereheliches Kind erzeugt und damit ein crimen famosum begangen, auch nachweislich Wuchergeschäfte getrieben habe;

2) ein Testament müsste nach den Rechten vor einem Notar in Gegenwart glaubhafter unverdächtiger Zeugen gemacht, aufgeschrieben und dann vor einem Gericht oder Rathe offenbart und eingeschrieben werden. Die vom Erblasser hinterlassenen Dispositionen seien deshalb kein Testament; aber wenn auch in Bezug auf die Form, was übrigens bestritten werde, Freiheiten der Stadt zur Anwendung kämen, seien jene doch unkräftig, weil sie als ein Handel nicht angesehen werden könnten, — weil ferner in der ersten Erklärung kein Erbe bestimmt, darin auch nicht über das ganze Vermögen, sondern nur über einen Theil disponirt sei, — weil diese eine letztwillige Verfügung nicht enthalte, da nach einer solchen nichts ferner beschlossen oder festgesetzt werden dürfe, wie doch in der zweiten Erklärung geschehen sei, — weil endlich diese erste und allein wichtige Disposition, die hiernach als Testament oder letzter Wille nicht gelten könne, auch nicht die Kraft eines Codicills habe, da ihr die Clausel nicht einverleibt sei: „ob Form des Rechten zu einem Testament gehörend nicht gehalten werde, dass dennoch solche Handlung bei Kräften bleiben und vollzogen werden solle;“

3) endlich habe der Erblasser eine Tochter hinterlassen; sei dieselbe ein eheliches Kind, so hätte ihr der gebührende Erbtheil, — sei sie naturalis, eine gebührende Versorgung hinterlassen werden müssen; beides sei nicht geschehen und das angebliche Testament daher „nach Sag des Rechten kraftlos und ohne Macht.“

[193]) Es ist wohl das den Bürgern von Speyer im Jahre 1347 ertheilte Privilegium Karls IV. gemeint: Wir geben ihnen auch freie Gewalt und ganze Macht, ihren Erben ihr Gut zu lassen oder für ihre Seele zu sorgen oder wem sie wollen zu geben, wo oder in welchen Gerichten das Gut gelegen ist. (Lehmann VII. cap. XLI.; die Testamente wurden vor Rath oder Gericht aufgerichtet: das. IV. cap. XXI. Vgl. zu diesem Urtheil auch Stobbe: Rechtsquellen II. 871.)

Die Gegenpartei bestreitet zu 1), dass der Erblasser unehelich gewesen, event. sei er selbst als solcher nicht unfähig gewesen, zu testiren, — dass er Wucher getrieben, — und dass es dem Kläger gebühre, die Thatsache, dass der Verstorbene ein uneheliches Kind erzeugt habe, für sich geltend zu machen: übrigens sei die hierauf gestützte Anschuldigung eines crimen famosum ohne Grund, „denn die Tochter were bei seiner ehelichen Hausfrau nicht gemacht und gestände, dass sie unehelich geboren". Zu 2) beruft sich die Stadt lediglich auf ihre Freiheiten und zu 3) wird ausgeführt, dass das uneheliche Kind mit einer ziemlichen Nahrung versehen worden und mehr erhalten, als man ihm schuldig gewesen sei. Uebrigens bestreitet die Stadt dem Kläger die Activlegitimation; diese beruhe nur auf der Seitens des Kaisers erfolgten Uebergabe der Verlassenschaft, welche Kläger dadurch erreicht habe, dass angenommen worden sei, der Erblasser sei unehelich geboren und ohne Leibeserben wie ohne letztwillige Verfügung verstorben; da beide Behauptungen unwahr seien, so komme der Satz zur Anwendung: dass Alles, was von Päpsten oder Kaisern erworben werde, nicht kräftig und zu Recht beständig sei, es erfinde sich denn, dass die in der Erwerbungsurkunde als massgebend bezeichneten Thatsachen richtig seien. In prozessualischer Beziehung ist auch die prinzipale Behauptung der Stadt von Interesse: sie brauchte sich auf keine der vom Kläger gegen das Testament gerichteten Angriffe einlassen, sondern nur auf die beiden oben genannten Punkte, welche allein in der kaiserlichen Verleihungsurkunde und in der an sie gerichteten Ladung genannt seien.

Das Kammergericht lässt diesen letzteren Einwand aber nicht gelten, es lässt vielmehr die erst bei der mündlichen Verhandlung geltend gemachten Angriffspunkte zu und gestattet namentlich dem Kläger den Beweis, dass der Erblasser ein offener Wucherer gewesen sei, jedoch solle der Anwalt schwören, dass das Erbieten zum Beweise nicht zur Verzögerung der Sache, sondern seiner Partei zu Nothdurft geschehe, vorbehalten auch denen von Speyer ihre Einreden dagegen.

In der nächsten Gerichtssitzung (7. März 1472) zeigt der Anwalt des Klägers an: sein Auftraggeber sei gestorben, seine Gewalt deshalb erloschen und es gebühre ihm nicht, ferner in der Sache zu handeln. Die Stadt dringt auf endliche Entscheidung. Am 15. April erkennt das Gericht, der Anwalt müsse den Eid leisten bis zum nächsten Gerichtstage. Am 17. wird der Eid geleistet und nunmehr eine Frist von 18 Wochen und neun Tagen zur Führung des Beweises vor einem Commissarius bewilligt. Am 24. Oktober bittet die Stadt, da die Frist längst verlaufen, wieder um Entscheidung, der Anwalt der Gegenpartei erklärt aber: es könne in der Sache nicht weiter verfahren werden, bevor den Erben des Klägers dies verkündet und ihre Erklärung eingegangen sei. Die Stadt widerspricht, es wird aber am 5. November erkannt: der Anwalt der Stadt solle des Klägers Erben zu fernerer Verhandlung heischen und laden lassen. Am 9. März 1473 begehren des von Hohenlohne Söhne weitere Erstreckung der Frist und die Bestellung eines anderen Commissars für die Erhebung des Beweises. Am 1. Juni erkennt das Kammergericht, diesem Antrage sei nicht stattzugeben, sondern nach beider Parteien fernerem Vorbringen solle geschehen, was Recht sei. In der Sache haben beide Theile nichts mehr anzuführen, der Anwalt der von Hohenlohe macht aber noch geltend: ihr Vater hätte in der ganzen Angelegenheit nur gehandelt auf königlichen Befehl und in Folge der Verleihung der Erbschaft Seitens des Königs; nun seien nach Herkommen des Kammergerichts alle Sachen, die im Namen des Königs vorgenommen würden, dermassen gefreiet, dass die, so darin handeln von des Königs wegen, keine Expensen zu geben pflichtig seien, und daher beantragt der Anwalt, zu erkennen, dass seine Auftraggeber keine Exp. zu zahlen oder zu erstatten schuldig seien. Die Stadt widerspricht, weil die Klage nicht geschehen sei auf Befehl und im Namen des Königs, sondern im Namen und im Interesse des Hohenlohe.

Am 7. Juli 1473 erkennt dann das Kammergericht, dass nach aller im Gericht fürgewandten Handlung die Stadt von der Klage zu entledigen, alle in der Sache erwirkten Mandate aufzuheben und für die Stadt unverbindlich zu erklären, die Gegenpartei auch schuldig sei, der Stadt Kosten und Schäden nach Mässigung des Gerichts abzulegen. Darüber erhält der Anwalt der Verklagten Urkunde, auch wird gleichzeitig Ladung zu Mässigung der Kosten und Schäden mit Urtheil gegeben. (Harpprecht I. Nr. XLV S. 254—275.)

Nr. LIV. — 1473. — Freisprechendes Erkenntniss in der Sache des Klaus Beheim wider den Rath zu Heilbronn. (Ungedruckt. Harpprecht I. 301.)

Nr. LV. — 1474. — Jobst Branden wider den Rath zu Heilbronn. Freisprechendes Urtheil. (Ungedruckt. Harpprecht I. 301.)

Nr. LVI. — 1474. — Hans R. ist auf Klage des Klaus Gutensun vor das Kg. geladen. Da der Kläger nicht erscheint, wird Verkl. der Ladung mit Urtheil und Recht absolvirt. (Mon. Habsb. III. 511 ff.)

Nr. LVII. — 1474. — Ludwig Wertach hat von einem wider ihn und für H. Pelzinger am Stadtgericht zu Kempten ergangenen Urtheil an das Kg. appellirt. Appellant erscheint nicht an dem zur Vollführung der Appellation angesetzten Tage, worauf Appellat der Ladung mit Urtheil entledigt und absolvirt wird. (Mon. Habsb. III. 528 ff.)

Nr. LVIIa. — 1474. — Urtheil zwischen den Grafen von Montfort und dem Grafen Joh. Truchsess zu Waldburg. (Harpprecht I. § 125 S. 77 ff. War mir nicht zugänglich.)

Nr. LVIII. — 1474. — Augsburg. — Der Bischof Georg von Bamberg wider Hans Wolfskel zu Rottenbauer wegen Injurien. Der Verklagte hat den Bischof in mehreren, an verschiedene Fürsten gerichteten Schreiben beschuldigt: er hätte ihn wider Recht des Schlosses Tuchersfeld entsetzt und dadurch die goldene Bulle, die Reformation Friedrichs III. und dessen fünfjährigen Landfrieden verletzt. Der Bischof findet hierin eine schwere Schmähung seiner fürstlichen Ehre und hat am Landgericht Wirzburg gegen H. Wolfskel „auf Bekerung und Ablegung" geklagt, das Landgericht hat aber den Verklagten der Klage ledig gesagt. Der Bischof appellirt an das Kammergericht und rechtfertigt bei der mündlichen Verhandlung seine Beschwerde dahin:

Die Handlungen, welche ihm der Appellat in jenen Briefen vorgeworfen, seien nicht vorgekommen; der Bischof habe ihn des bezeichneten Schlosses nicht wider Recht entwert, sondern auf Grund eines vor dem Landgericht zu Bamberg wider H. W. ergangenen Urteils und autore pretore; gegen dieses Urteil hätte H. W. appelliren können, er hätte es aber nicht gethan, sondern vielmehr die gedachten Schmähbriefe erlassen. Dies hätte er aber selbst dann, wenn die dem Bischof zum Vorwurf gemachte Handlung richtig gewesen, nicht thun dürfen, denn das Recht verbiete, dass einer den andern aus freventlichem Gemüthe, ohne vorher Rechtens nachgesucht zu haben, an seiner Ehre angreife. H. W. hätte ihn, den Bischof, vor seinem ordentlichen Richter verklagen, sich auch bei den Oberen des Bischofs beschweren können, er hätte aber die Beschuldigungen nicht in Briefen an solche Personen aussprechen dürfen, die nicht die Vorgesetzten des Bischofs seien.

Der Appellat räumt ein, die Briefe geschrieben zu haben; er habe es aber nicht animo injuriandi gethan, sondern um sein Recht zu gebrauchen: er hätte die Fürsten, an welche die Schreiben gerichtet gewesen, zu bestimmen gesucht, dass sie zu seinen Gunsten bei dem Bischof von Bamberg intervenirten. Uebrigens sei der dem Bischof gemachte Vorwurf, das Schloss wider Recht eingenommen zu haben, begründet; das angeblich zu Bamberg ergangene Urtheil sei nämlich ungültig gewesen, da er, H. W., zu dem dort wider ihn geführten Prozesse nicht geladen gewesen.

Das Kammergericht legt dem Bischof den Beweis auf: dass in dem Prozesse vor dem Landgericht zu Bamberg H. W. ordentlich geladen, auch alle Prozesshandlungen nach Recht und Gewohnheit desselben Gerichts vorgenommen worden und das Urtheil in gebührlicher

6*

Weise ausgegangen sei; dem Appellaten bleiben seine Einreden vorbehalten.

Der Beweis wird vor einem Commissarius erhoben, Appellat mit seinen übrigens unerheblichen Einreden gehört und demnächst erkannt: dass der Bischof sich von dem wider ihn und für Appellaten zu Wirzburg ergangenen Urtheil wol berufen habe, dass der Appellat schuldig, dem Appellanten wegen der Injurien Kerung und Abtrag zu thun und Schäden und Kosten zu ersetzen, letzteres nach Mässigung des Kammergerichts, welchem auch vorbehalten wird, die Injurien zu taxiren. (Urtheil vom 15. Mai 1474 in den Mon. Habsb. III. 516—21.)

Nr. LIX. — 1474. — Augsburg. — Praxedis, die eheliche Hausfrau des Ulrich von Brandis hat für sich und im Namen ihrer Söhne gegen den Bischof Johannes von Trient wegen Entwehrung zweier Schlösser geklagt. Zum Commissarius wurde vom König der Herzog Sigismund von Oesterreich ernannt, welcher seinerseits den Bischof von Bozen und den Landescommissar von Freiburg subdelegirte. Der Bischof hat eine Gegenklage eingebracht und auch für diese ist durch einen zweiten königlichen Befehl Herzog S. zum Commissarius bestellt worden mit dem Auftrage, über Klage und Gegenklage zugleich zu entscheiden. Die subdelegirten Richter haben aber nur über die Hauptklage verhandelt und auf diese ein Interlokut (underredlich urteil) erlassen, durch welches sich der Bischof beschwert fühlt. Er hat deshalb gegen das Urtheil appellirt, aber „mit Vorbehalt der Nullität und Untauglichkeit" des letzteren. (Bei der mündlichen Verhandlung lässt er erklären: er hätte die Nullität in der Appellationsschrift gerechtfertigt, doch mit dem Unterschiede, dass, wenn ihm die Nullität entfiele, dann auf die vorgewandte Beschwerung verhandelt werden solle). Als Grund der Nichtigkeit wird angeführt: die Nichtbeachtung des zweiten königlichen Commissoriums und die Verletzung des im gemeinen Recht gegründeten Satzes, dass Klage und Gegenklage mit einander gehen sollen. Die Gegenpartei bestreitet die Zulassung der Nichtigkeitsbeschwerde aus zahlreichen thatsächlichen und rechtlichen Gründen, die sich im Wesentlichen dahin zusammenfassen lassen.

1) Das zweite Commissorium sei vom Herzog S. nicht angenommen, den subdelegirten Richtern auch nicht rechtzeitig mitgetheilt worden, so dass diese nur über die Hauptklage hätten entscheiden können. 2) Wäre es ihnen aber zugegangen, so hätten sie doch die Gegenklage nicht berücksichtigen dürfen oder wenigstens nicht berücksichtigen müssen, weil die Hauptklage possessorisch, die des Bischofs — was dieser bestreitet — petitorisch sei; zwei so verschiedene Klagen dürften nicht zusammen verhandelt werden, jedenfalls sei die possessorische im Rechten also gefreiet, dass sie billig vorgehe. 3) Hätten aber auch

die Richter nulliter procedirt, so könnte der Bischof doch die Nichtigkeit nicht anfechten, weil er sich dem Beweisurtheil unterworfen und Frist zur Führung der ihm auferlegten Beweise u. s. w. gefordert habe: die Nichtigkeitsbeschwerde und, aus demselben Grunde, auch die mit jener verbundene Appellation müsse deshalb für desert und null erkannt werden. Nach verschiedenen, Thatsächliches betreffenden Gegenausführungen des Bischofs erkennt das Kammergericht: „dass die process und urteil — zunicht und crafftlos sein — und der genannt von Trient sich davon wol beruffen habe, und dass ferner in der haubtsachen (im Kammergericht) nach beiderteil fürbringen ergeen und bescheen solle, was recht ist. (Mon. Habsb. II. 144—56 und S. 157, sowie das. III. 162—65.)

Nr. LX. — 1476. — Neustadt. — Herzog Sigismund von Oesterreich klagt gegen die Erzherzogin Mathilde, in zweiter Ehe vermählt mit Eberhard dem Aelteren Grafen von Wirttemberg, wegen Herausgabe zweier Güter, welche ihr der verstorbene Erzherzog Albrecht „in saczweise“ verschrieben für 2000 Gulden, welche aber nach dem Tode Albrechts auf Sigismund gefallen seien. Er habe sich bereit erklärt, die Güter um die genannte Summe zu lösen, die Verklagte habe dieselben aber ihrem zweiten Gatten um die gleiche Summe verschrieben, welcher die Einlösung verweigere und die Unterthanen der beiden Herrschaften nöthige, ihm Huldigung zu leisten. Der Antrag des Klägers geht dahin: es solle mit Recht erkannt werden, dass Verklagte schuldig, in die Lösung der Güter zu willigen, dass Graf Eberhard ihn daran nicht verhindern dürfe, und dass beide Verklagte ihm die schon gehabten Kosten und Schäden, sowie Gerichtskosten zu ersetzen hätten. Die Verklagten weigern die Einlösung, weil die Erzherzogin auf die Güter verwidemt und ihr in der bezüglichen Verschreibung ausdrücklich das Recht gegeben sei, dass sie die Güter um die verschriebenen 2000 G. nach ihrem Gefallen versetzen möchte.

Das Urtheil ist für die Kenntniss des Contumacialverfahrens von besonderem Interesse. Für die Verklagte erscheint zunächst ein Vertreter, der sich nur auf seinen für den königlichen Hof im Allgemeinen lautenden Credenzbrief beruft und aus thatsächlichen Gründen um Vertagung der Sache bittet. Die vollmächtigen Anwälte des Klägers stellen sofort den Antrag, Verklagte zu verurtheilen; denn was die Widerpartei durch einen Vertreter ohne genugsame Gewalt ausserhalb Rechtens vorbringe, könne vom Gericht nicht berücksichtigt werden. Darauf erst legt der Vertreter der Verkl. genugsame Gewaltsbriefe vor, dingt sich durch seinen erlaubten Redner an und bittet abermals mit Rücksicht auf die Personen und die Sache um Verfristung. Seitens des Klägers wird dem abermals widersprochen: die Verklagten seien in der Ladung von der Klage in Kenntniss gesetzt und peremptorisch nach Ordnung des Rechten und Herkommen des Reichs geladen; wenn sie nun einen Vertreter gesendet hätten zur Beantwortung der Klage und dieser dennoch die Klage nicht beantworte, so müsse erkannt werden, dass Kläger seine Klage erstanden habe. Das Kammergericht erkennt nun: wolle der Anwalt der Verkl. die Klage beantworten, so solle er gehört werden und dann geschehen, was Recht sei, — thue er dies nicht, so solle ebenfalls geschehen, was Recht wäre. Der Anwalt der Verklagten bemerkt nun: er habe keine Information zur Beantwortung der Klage; werde ihm nicht aus königlicher Milde Schub bewilligt, so berufe er sich darauf, dass, als Erzbischof Adolf von Mainz das Kammergericht besessen, mit Wissen und auf Geheiss des Königs eine Ordonnanz erlassen worden sei, dass „ein slechter ungehorsamer umb sein ungehorsam sein haubtsach nit verlieren solt, sundern der clager müsset sein clag weisen und dem antwortter darczu verkünden“; dasselbe müsse nun auch gelten, wenn die verklagte Partei nicht ausbleibe, sondern gehorsam erscheine und nicht antworten könne; dass dies billig sei, setzt der Anwalt zu rechtlicher Entscheidung. Der Kläger bestreitet die Zulässigkeit dieser Anwendung der Ordonnanz; es sei dies gegen den Wortlaut derselben und gegen ihren Zweck, da es ein grösserer Ungehorsam sei, im Gericht zu erscheinen und nicht zu antworten, als überhaupt nicht zu erscheinen; wenn die Verklagten zu der Klage des Herzogs weder ja noch nein sagten, so sei er nicht schuldig, dieselbe zu beweisen, vielmehr müsse, wenn der Anwalt des Verkl., trotzdem ihm durch Urtheil auferlegt sei, die Klage zu beantworten, dies dennoch nicht thue, angenommen werden, dass er die Klage zugestehe. Dieser Ausführung schliesst sich das Kammergericht an und erkennt:

da Verklagte auf die ihnen bekannte Klage einen genugsam bevollmächtigten Anwalt zu Gericht entsendet, dieser sich auch angedingt und Rechtssätze gestellt habe, so sei der Anwalt schuldig, dieweil das Gericht sitze, die Klage zu beantworten; thue er das nicht so gestehe er die Klage zu und der Herzog habe dieselbe nach Laut der Ladung und wie sie im Gericht bestimmt worden, behabt und erstanden.

Da der Anwalt der Verkl. auf nochmaliges Befragen nichts vorbringen zu wollen erklärt, so wird dem Kläger das Urtheil ausgefertigt, Gebotbriefe und Prozess zuerkannt, auch Ladung[194]) der Verkl. wegen Schäden und Kosten nach Gewohnheit des kaiserlichen Hofes und Gerichts erlassen. (Mon. Habsb. II. 181—87.)

[194]) Die Verklagten stellen Vollmachten aus für zwei benannte Doctoren, um sie bei der betreffenden Verhandlung zu vertreten: das. 194, 97; ebenso Herzog Sigismund: a. a. O. 204; der Streit währte noch lange, denn am 14. Sept. 1478 wurden die Parteien wieder vorgeladen, um die Sache durch Güte oder durch Urtheil zum Austrag zu bringen: das. 502.

Nr. LXI. — 1476. — Der Kammerprokurator-Fiskal gegen den Grafen Philipp von Hanau. Bei dem Kriegszuge gegen den Herzog von Burgund ist den Leuten der Grafschaft des Bornheimer Berges geboten worden, sich bereit zu halten, dem Kriegsvolk der Stadt Frankfurt auf Erfordern der Stadt sich anzuschliessen; dem Grafen Ph. v. H. ist bei seinen Pflichten gegen das Reich und unter Androhung einer Strafe von 100 Mark Goldes aufgegeben worden, jene an solchem Dienste nicht zu verhindern. Diesem königl. Mandat hat Graf Ph. nicht Folge geleistet, weshalb der Fiskal klagend beantragt, denselben mit Urtheil in die eben erwähnte Strafe verfallen zu erklären.

Das sehr umfangreiche Erkenntniss ist nur in processualischer Beziehung von Interesse.

Die Anwälte des Verklagten begehren, da ihnen die Klage unerwartet sei, Aufschub aus Milde und Gnade, event. mit Urtheil. Der Fiskal widerspricht: da die Anwälte mit genügender Vollmacht versehen seien, sich auch angedingt hätten, so müssten sie antworten; wenn sie das nicht thäten, so sei ihr Stillschweigen als genugsames Bekenntniss anzusehen und er würde seine Klage erstanden haben. Erkannt: hätten Verkl. etwas auf die Klage fürzubringen, das solle gehört werden nnd danach geschehen, was Recht wäre, thäten sie es nicht, so solle auch geschehen was Rechtens.

Seitens des Verklagten wird nunmehr die Einrede erhoben: der König habe dem Grafen von H. zugesagt, dass das oben erwähnte Mandat abgestellt sei und die darin ausgesprochene Strafandrohung ihm keinen Schaden bringen solle [105]). Zum Beweise dieser Thatsache

[105]) Die Einrede des Verklagten lautete wörtlich: dass der König sein Mandat und die Poen darin begriffen „gegen dem von Hanau abgestellt und im zusagen hetten lassen, das die im — keinen schaden bringen sollten.“ Die Anwälte wollen dieselbe als eine exc. litis ingressum impediens betrachtet wissen; es sei, führen sie aus, dem Kläger durch dieselbe „nach satzung der recht, so sie deshalben allegirten — der eingang seiner klag und des rechten benomen und si nit schuldig, zu derselben klage zu antworten“, und später: Verkl. sei nicht schuldig zu antworten als das „die geschriben recht, die da sagten de re iudicata, lite finita et transactione, die er deshalben allegirt, ausweisten.“ Die Anwälte erkennen dabei an: „dass die Rechte dabei ausdrücken, wo solche exception im rechten gebraucht werden, das dann der richter nit schuldig sei, die zuzulassen, sie würden denn zurstund bewisen, und wo solich beweisung durch den anttwortter geverlich verzogen werde, das in dann der richter zu antworten dringen möge„; sie hätten aber den Beweis auch durch Berufung auf den König selbst und andere Zeugen sofort führen wollen; der Zeugenbeweis müsse aber eben soviel gelten als der Urkundenbeweis, wie ja z. B. im Lehnrecht der Mann mit seinen Genossen die geschehene Belehnung beweisen könne. Sämmtliche im Laufe des Verfahrens ergangenen Urtheile sind ohne Begründung und man sieht daher nicht klar, weshalb das Gericht die exceptio als prozesshindernde nicht zugelassen. Verworfen wird sie als solche schon durch das zweite und dritte Urtheil und zwar wahrscheinlich deshalb, weil sich das

beruft sich Verkl. auf das Zeugniss des Königs selbst, des Markgrafen Albrecht von Brandenburg u. a. m., welche die Zusage des Königs gehört hätten. Kläger hält die Einrede für unzulässig; derartige Zusagen könnten, insofern sie Rechte des Reichs und der kgl. Kammer berührten, nach Herkommen des Reichs nur durch Brief und Sigel des Königs bewiesen werden, eine solche Urkunde hätte ohne Wissen des Reichsfiskals nicht ergehen dürfen, sei aber auch gar nicht vorgelegt und wenn sie vorgelegt würde, behalte er sich den Beweis vor, dass sie subreptitie erworben sei. Zweites Urtheil ohne Motivirung: hätte der Verkl. etwas Weiteres gegen die Ladung vorzubringen, so solle er gehört werden, — thäte er es nicht, so hätte er auf die Klage zu antworten.

Die Anwälte des Verkl. kommen auf ihre Exception zurück; der Kläger replicirt: diese Einrede gegen die Ladung sei dem Verkl. durch das zweite Urtheil abgeschnitten; brächten sie keine andere vor, so müssten sie auf die Klage antworten und wenn sie auch dies nicht thäten, als confessi verurtheilt werden. Drittes Urtheil: Verkl. hätte jetzt auf die Klage selbst zu antworten, thäten sie dies nicht, so habe der Fiskal seine Klage nach Laut der Ladung und wie sie im Gericht bestimmt worden, erstanden.

Seitens des Verkl. wird nun bei Beantwortung der Klage wieder nichts angeführt, als jene Zusage des Königs, in Beziehung auf welche er zum Beweise verstattet zu werden verlangt; sollte dieses Erbieten zum Beweise nicht als genügende Beantwortung angesehen werden, so behalten sie sich weitere Antwort und alle Nothdurft Rechtens vor. Der Fiskal erklärt dagegen: diese Einrede sei ihnen durch das letzte Urtheil abgeschnitten und das Begehren nach Zulassung des Beweises deshalb unzulässig. Viertes Urtheil: die Anwälte des Verkl. hätten,

Gericht der Ansicht des Fiskals anschloss, dass die Anwälte des Verkl., trotzdem sie die Einrede vorschützten, doch litem contestirt hätten. Vor dem zweiten Urtheil nämlich erklären die Anwälte — wie sie später sagen: in zufallenden reden —, der Verkl. sei selbst mit den Leuten der 19 Dörfer der Grafschaft dem Kaiser zu Hilfe ins Feld gezogen, nur mit den Frankfurtern hätte er sie nicht ziehen lassen dürfen, weil die Grafschaft sein rechtes Mannlehen sei. Dadurch, führt der Fiskal aus, hätten sie litem contestirt, und es könne daher nicht mehr davon die Rede sein, dass die Einrede sie von der Beantwortung der Klage befreie. Als dagegen die Anwälte des Verkl. nach dem dritten Urtheil die behauptete Zusage des Königs nochmals als peremtorische Einrede geltend machen und damit die Klage beantworten wollen, deducirt der Fiskal, dass der Gebrauch der Einrede ausgeschlossen sei durch die früheren Urtheile, dann aber auch, dass die Einrede materiell keine genügende Antwort der Klage sei, sie enthalte kein Ja oder Nein auf die Klage. Dieser Ansicht schliesst sich das Gericht wiederum an und verurtheilt deshalb den Verklagten gleich einem im Rechte Ungehorsamen.

wenn sie ihrem Vorbehalt gemäss noch etwas anführen wollten, dies am nächsten Gerichtstage zu thun.

Nun erklären die Anwälte des Verkl.: sie wollten nichts ferner auf die Klage reden oder fürwenden, und es ergeht „auf die vorgesprochenen urtheile und nach allem herkommen der sache" das schliessliche Erkenntniss: der Fiskal habe seine Klage erstanden und der Verkl. sei in die oben erwähnten Strafen verfallen; dem Kläger werden auch Urtheil und Gebotsbriefe ausgefertigt. (Mon. Habsb. III. 572—82.)

Nr. LXII. — 1478. — Kunz von Aufsess ist vom Herzog Sigismund von Oesterreich beschuldigt, ihm, ohne vorher Recht nachzusuchen, Fehde und Feindschaft angekündigt und dadurch die goldene Bulle, die Reformation Friedrichs III. und den letzten vierjährigen Landfrieden verletzt zu haben [106]. Da der Verkl. ungehorsam ausbleibt, so wird derselbe dem Antrage des Klägers gemäss in die Strafen und Poenen der eben erwähnten Reichsgesetze verurtheilt. (Mon. Habsb. II. 509 fgg.)

Ich muss die Uebersicht der Urtheile des Kammergerichts mit dem Jahre 1478 schliessen, weil in der folgenden Zeit das Gericht nur noch in seltenen Fällen gehalten wurde; es gelangten wohl noch einzelne Sachen zur Entscheidung an den königlichen Hof, aber sie wurden meist wohl durch Commissarien oder durch freundliche Vereinigung erledigt [107]; über einige Prozesse, die nachweislich am Kammergericht verhandelt wurden, fehlt es auch an ausreichenden Nachrichten: so z. B. über das Verfahren gegen Regensburg [108]) wegen Unterwerfung unter Herzog Albrecht von Bayern im Jahre 1486. Im Juni 1490 musste Friedrich III.

[106]) In dieser Sache sind auch die Protokolle über die beiden Gerichtssitzungen erhalten (17. und 22. Decbr. 1478). Sie enthalten zunächst Namen des Richters und der Beisitzer sowie ganz kurze Nachrichten über die Anträge des Klägers und den Gang der Verhandlung; die Urtheile vom 17. und 22. Decbr. sind den Protokollen nicht eingefügt, sondern beigefügt. A. a. O. 507 fgg.

[107]) Vgl. Reichshofgericht I. 379 und die Nachrichten bei Harpprecht I. S. 74 fgg., 302 fgg., 305 fgg., 328 fgg.

[108]) Siehe Regesten Friedrichs 8559, 60, 624, 809, 10 und Gemeiner: Chronik III. 780, 84 fgg.

selbst erklären, dass das Gericht längere Zeit nicht gehalten worden sei; in den beiden folgenden Jahren und wahrscheinlich auch im Jahre 1493 bis zum Tode des Kaisers am 19. August ist es ebenfalls nicht in Thätigkeit getreten[199]). Dagegen wurde es unter Maximilian I. noch in demselben Jahre zu Regensburg, 1494 zu Köln, Mecheln, Utrecht und Antwerpen, 1495 in Worms gehalten, und Harpprecht zählt eine ganze Reihe von Prozessen auf, welche in dieser Zeit theils vor dem König selbst, theils vor dem Kammerrichter, Graf Eitel Friedrich von Zollern, verhandelt wurden[200]). Am 7. August 1495 erfolgte dann die Einsetzung, am 31. August die Eröffnung eines ständigen königlichen Kammergerichts zu Frankfurt am Main, des später sogenannten kaiserlichen und Reichskammergerichts. Hier wird derjenige anzuknüpfen haben, welcher die Geschichte dieses Gerichts den Anforderungen der heutigen Wissenschaft entsprechend zu schreiben unternimmt; das Bedürfniss dazu ist längst vorhanden[201]) und es werden sich im neuen Reiche sicherlich berufene Jünger finden, welche jener wichtigsten Institution des alten Reiches ihre Aufmerksamkeit zu widmen geneigt sind. Ich selbst aber schliesse hiermit die Reihe von Arbeiten, welche ich seit längerer Zeit der Erforschung des Reichsgerichtswesens gewidmet habe, und es gereicht mir zu besonderer Freude, die letzte hierauf bezügliche Schrift demselben verehrten Meister darzubringen, welchem ich, ein allezeit dankbarer Schüler, vor Jahren auch die erste derselben, als ein Zeichen der Liebe und Verehrung darbieten durfte.

[199]) Die Zeugnisse: Reichshofgericht I. 378 fgg.

[200]) Harpprecht II. §§ 3—27.

[201]) Wie dies erst neuerdings H. Schulze: Einleitung in das deutsche Staatsrecht S. 245 sehr richtig hervorgehoben hat.

Inhalt.

Berichtigung.

S. 64 am Schluss von Nr. XXXVIII ist hinzuzufügen: (Mat. zur österr. Gesch. II. 176.)

FSC
www.fsc.org
MIX
Papier | Fördert gute Waldnutzung
FSC® C083411

Kolibri 360 GmbH
Ferdinand-Jühlke-Straße 7
99095 Erfurt, Deutschland
produktsicherheit@kolibri360.de